知的生きかた文庫

心の元気200%UPの習慣術

斎藤茂太

三笠書房

はじめに

頭と心がすっきりする、読む〝清涼剤〟

——あなたの人生はもっと好転する！

他人を自分の思い通りにすることは難しい。だが、それより難しいのが自分をコントロールすることだ。例を挙げてみると……、

・つい毎晩遅くまで飲んで、帰宅が遅くなる
・勉強をしなければと思うが、ゲームやマンガに気が行ってしまう
・仕事上の同じミスが多く、なかなか矯正できない
・ダイエットが続かない
・人間関係が、なかなかうまくいかない

このように、思いつくまま思い浮かべてもキリがないほどだ。
「自制心」がないからだと言えばその通りだが、それでは身もフタもない。人間は、自分に甘い性質を持っている。人が何かでミスをすると、バカにしたり、怒ったりするが、自分が同じようなミスをした場合には「仕方がなかった」「運が悪かった」と考えやすい。

しかしこういう思考をしている限り、いつまで経っても自己を、そして人生を向上させていくことはできないと言っていいだろう。

精神科医を生業《なりわい》とする私の一生は、病院の再建とともにあった。戦争中の病院焼失は、最大の痛手だった。焼け残った金庫を期待を持って開けたとき、出てきたのは借入金の証書ばかりだった。そのときの絶望感は、いまでも忘れられない。

まあ、こういうことは私だけに限ったことではあるまい。誰にでも人生に一度や二度はあっても不思議ではない。〝ここからどうするか〟が肝心なのだ。

心に元気がなくなってしまっては、満足のいく人生を送ることはできない。そんなとき、心を何倍にもふるい立たせるには、何をすべきか。「心の元気」——これは私の一番大切にしてきたテーマでもある。

私は、人より人生経験が豊富だと威張るつもりはない。だが、これまで長い間、忍耐強く「人生のゴールデンルール（黄金律）」にしたがって生きてきたつもりだ。

羅針盤が間違った方向を指していれば、目的地にたどりつくことはできない。家庭でも仕事でも勉学でも共通している。

だが、日々の行動でこのゴールデンルールを手中にしていれば、人生や仕事のあらゆる場面で満足のいく結果にたどりつくことができる。

失敗に足を取られず自己実現を図るには、すべからく人生全般の知恵が必要である。

本書では、さまざまな実例を引きながら、要点は箇条書きにして、そこに私の体験もまじえ、生き方のヒントを満載した。気軽に読んでコツをつかんでいただければ幸いである。

斎藤茂太

もくじ

はじめに　頭と心がすっきりする、読む〝清涼剤〟
――あなたの人生はもっと好転する！　3

1章　〝いまを楽しめる人〟が幸せな人

1　結果は出るまで考えないでおこう　14
2　「ないものねだり」より〝あるもの〟を探す　17
3　三秒で「後悔」を消去する二つの言葉　20
4　「不安の金縛り」はこうやって解く　24
5　「いま、この瞬間」に意識を向ける　29

2章

「もうバタバタしない!」時間術

6 探し物がピタッとなくなる五つの習慣 32
7 つい時間に遅れてしまうあなたへ 38
8 「締め切り効果」を利用しない手はない 41
9 〝やる気〟のスイッチはこんなところにある 44
10 時間を「削る」と、心までやせ細る 49

3章

頭と心の「リセットボタン」を押す

11 疲れたら休む――それでいいのです 54
12 頭が疲れたら、体を疲れさせよ 57

13 ストレスがスーッと消える「三種の神器」 60
14 イヤな感情は〝言葉〟にして吐き出す 64
15 問題点を書き出して〝気持ちの整理〟をする 68

4章

「逃げない人」ほど〝いい未来〟が待っている

16 失敗を認めるのは早ければ早いほどいい 72
17 逃げ道の先にあるのは〝行き止まり〟だけ 75
18 今日がんばれる人が、明日幸せな人 80
19 イヤなことから手をつける勇気を 83
20 正直者は、バカを見ない 88

5章

夢に一歩近づく、このシンプルな心得

21 わずか一日十分の習慣が、膨大な時間を生む 94
22 未来の羅針盤――「夢の計画表」をつくる 98
23 「これ」と決めたら最後までやり抜く 102
24 足もとの幸せに気づく人、気づかない人 105
25 「山高ければ、谷深し」 108

6章

他人に振り回されない自分になる

26 これであなたも「ノー」と言える人になる 114
27 〝世話好き〟もほどほどに―― 119

28 自分の弱点を知ると、もっと自分が強くなる 122
29 〝やさしい人〟が陥りやすい落とし穴 125
30 〝頼み上手〟になるこの一言 129

7章

この「心のクセ」をなくせば、人生もっと快適

31 〝神経質〟を長所に変える知恵 134
32 なぜ優秀な人ほど、紙と鉛筆を使うのか? 137
33 「おもしろい」と思えばおもしろくなる 140
34 「どうせ自分は……」思考から抜け出すには 144
35 「聞き上手」こそ「話し上手」の秘訣 147

8章

「折れない自信」は、こうして身につけよ

36 自分が好きになる「あばたもえくぼ」精神 152
37 「絶対評価の幸せ」こそが真の幸せ 155
38 この考え方で〝人の目〟が気にならなくなる 157
39 あなたは人生の〝プレイングマネージャー〟 160
40 〝自分に解決できない問題〟は起こらない 163

9章

〝人生の荒波〟を、思うまま乗りこなすために

41 波にあらがうのではなく、乗ってみる 168
42 泣きたくなったら――大いに笑おう 171

43 苦手なあの人を、自分の〝財産〟にする法 176
44 人間の好き嫌いをなくすには 180
45 「ピンチはチャンス！」 184

編集協力　キーツプロダクション

1章

〝いまを楽しめる人〟が幸せな人

1 結果は出るまで考えないでおこう

「うまくいくだろうか……」

と悩んで、行動する前に右往左往してしまうということは誰しもあるものだ。

そんなときは、うまくいくことを目標に据《す》え、そのためにどう行動するかを考え、できる限りの努力をする、それしかないのだ。それが本筋というものである。「結果がどうなるか」なんてことは、結果が出るまで考えなくてもいいのである。

「結果はあとからついてくるもの」とシンプルに捉《とら》えよう。

それだけで、頭はたちまちすっきり整理される。そして「いい結果を出すために何ができるか」ということに、考えを集中させることができるのだ。

もちろん、最善を尽くしても、いい結果が得られないことはある。だが、その場合もクヨクヨすることはない。

行動のどこに問題があったのかを探ればいい。それで問題点が抽出《ちゅうしゅつ》できれば、次に活かせるし、いい結果は得られなくとも、自分自身を成長させることができる。いい仕事をする人、充実した人生を送っている人は、こういう繰り返しをしてきているものなのである。

■心配の〝原因〟を突きとめる

また、結果がどうしても心配なときは、「なぜ、心配なのか？」という原因を、きちんと認識することも重要だ。

たいていの場合、その原因は、次の三つに大別できる。

「これまで経験のないことだから」
「能力的に自信がないから」
「以前に失敗した苦い経験があるから」

こういうケースでは、誰でも自信が持てないものだ。

人生では、やむをえず自分の意志に反する状況に立たされることがある。たとえば仕事でなら、事務職から営業職に配置転換されることもあれば、苦手なスピーチをしなければならなかったり、ケンカ腰の人へのうまい対応を迫られたりすることがある。

だからといって逃げるわけにはいかない。

私の患者さんにも、そんなこんなで気分が落ち込んで、「いい薬をください」と訴える人もいる。しかし、根本原因を解決しなければ、いつまでたっても気分はすっきりしない。

もし能力的に自信がないのなら、どこが弱点かを見極めて、補強の手立てを講じる。

以前に失敗したのなら、同じ轍《てつ》を踏まぬよう、その経験を活かす。

結果を心配する前に、いくらでも行動すべきことがあるとわかるだろう。

大事なのは、「結果を出す」ことではなく、そのために何ができるかを考え、行動すること。何もしないうちから、あるいは何の手も打たずに、結果だけを心配するのは無意味だ。

結果にとらわれず一歩踏み出すようにすると、物ごとは案外うまくいくものだ。

2 「ないものねだり」より〝あるもの〟を探す

「もし、お金に恵まれていたら、自分だって起業家になれたのに」

「もし、容姿に恵まれていたら、自分だってスーパーモデルになれたのに」

「もし、才能に恵まれていたら、自分だって芸術家になれたのに」


自分にないものを欲しがり、別の人生を夢見る……そういうことは誰にでもある。

しかし、この〝ないものねだり〟思考を続けている限り、恵まれない自分から解放されることはない。ないものはないのであって、いくら望んだところで、お金が天から降ってくることはないし、自分の容貌や才能を誰かのそれと取り替えっこすることもできないのだ。

そんな夢のような願望は、いますぐ捨ててしまおう。そしてそれを、

「いまの自分は○○だから、○○な努力をして、○○になるぞ！」

という「目標」に変え、そして、いま自分に与えられた環境のなかで、どうすればその夢に到達するかを考えるようにするのだ。

■ただの「願望」を「目標」に変える

わかりやすい例を一つ。

プロ野球のイチロー選手は、小学六年生の卒業文集に、将来は「メジャーリーガーになる」と書いたそうだ。以前、イチロー選手の父上に会ったことがある。イチロー選手の夢をアシストしたのはその父上だが、やはりイチロー選手の強烈なモチベーションがなければ、夢をかなえることはできなかったに違いない。

元阪神タイガースの掛布《かけふ》選手も、野球選手としては身体が小さく、それほど期待されていたわけではない。掛布選手は父上のコネで、ヤクルトに入団を依頼したものの、体よく断られている。

しかし、二人の活躍は、野球を知らない人でもよく知るところである。

二人は座して〝ないものねだり〟をしたわけではない。人一倍の練習をしたことは有名である。イチロー選手はお酒もタバコもやらないどころか、目に悪い影響があるからとテレビも新聞も見ないと聞いたことがある。動体視力の低下は、バッターにとって致命傷なのだ。

あなたの持っている〝武器〟は何ですか？

人間、〝ないものねだり〟を始めると、キリがない。すべてを持っている人などこの世にはいないのに、自分にはこれがない、あれがないと数え上げても意味はないのである。

「ないものはどうすれば手に入れることができるか」

あるいは、

「自分にあるものだけで何ができるか」

を考えることのほうがずっと大切である。

3 三秒で「後悔」を消去する二つの言葉

「先生も悩むことはあるんですか?」

そんなことを患者さんに聞かれたことがあった。どうやら私は、悩みがなさそうに見えるようだ。

だが実際は、講演に行って調子よくしゃべれなければ、いつまでもクヨクヨする。女房とケンカすれば、悪かったのは自分かもしれない、早く一言謝ったほうがいいかもしれないと、グズグズ思い悩む。

あるいは、日本精神科病院協会の会長をしていたときは、会議での議事進行をスムーズに行えたか、決まった方針に遺漏《いろう》はなかったか、日々反省したり、悩んだりすることばかりだった。

■「ストップ!」と心に命令する

しかし過ぎ去った時間は二度ともどってこない。起こってしまったできごとを消しゴムで消して書き直すことは不可能なのだ。

もう私は年齢からして、恋に悩むことはないが、若い人の大きな悩みの種は、恋愛と仕事と言って差し支えないだろう。

「あのとき彼氏（彼女）にあんなことを言わなければ、とてもうまくいったのに」

と、いつまでもクヨクヨ悩む人がいる。

だが、「過去をどんなに悩んでもしょうがない」ということに、早く気づかなくてはならないのである。

取り返しのつかない過去を取り返したいという思いが強いせいか、この種の無駄な思考をすることが、人間にはよくある。

「もっと勉強しておけば、もっといい会社に入れたのに」

「いま思うと、彼はいい男だった。逃がした魚は大きすぎる」

「親が甘やかすから、自分はふやけた人間になったんだ」

「独身のうちに、もっと海外旅行に行っておけばよかった」

そんなふうに過去を悔いて、いまの自分を嘆き、クヨクヨ、クヨクヨ……この種の思考にはまると、心が後ろ向きになって、気持ちがどんどん落ち込むものだ。

でも、そんなことをしていても、時間を無駄づかいするだけ。もし、過去を悔やむ心が生じたら、その時点で、

「ストップ!」

と声に出して言ってみてほしい。そして、

「過ぎたことは、過ぎたこと。大事なのはこれから」

と自分に言い聞かせるのである。

たったそれだけのことで、頭は十分にすっきりする。考えても仕方がないということを、理性と身体で悟るからだ。

その際、大事なのは、過去をきちんと受け入れることだ。過去に自分が起こした行動は、そのときの自分が最善と判断してやったことだと認める必要がある。

人はどうしたって、同じ時間に二つも三つもの道を歩むことはできない。どれか一つの道を選択して歩む、その連続が人生なのだ。

後悔を残してしまったとしても、その過去はいまの自分の一部である。大事なのは、これから。いま最善と思う道を見つけ、そこを歩んでいこうと腹をくくることが一番

大切なのである。

■「これから自分に何ができるか?」と心に問う

「これから自分に何ができるか」

だけに絞って考えれば、意外と簡単なものなのである。

過去を嘆いていても、幸福な明日はやってこない。前を向いて考えるからこそ、明日の幸福が見えてくるのだ。

だから私は、しょっちゅうグチを言ったり、過去の失敗を嘆いている人には、一カ月、半年、一年の計画を立てることを勧めている。仕事であれ、人間関係であれ、お金のことであれ、目標を立てる。目標とは、言い換えれば「希望」のことである。

人は「希望」なしでは生きてはいけない。私はメモ魔なので、自分の手帳には小さな字でいつも目標や希望を書いてきた。海外旅行の計画から、病院経営に関することまで、何でもメモして目標としてきた。

結局、そんなことが前向きに生きていくエネルギーになってきたに違いない。

4 「不安の金縛り」はこうやって解く

「将来の自分を考えると、怖くてしょうがない。むやみに胸がドキドキして、何をしていても落ち着かない」

そう言って、不動産会社に勤める男性はため息をついた。彼はどうやら、将来の不安要素を数えては、身動きがとれないほどの恐怖心を感じているようだ。〝不安の金縛り〟に遭っている、そんな様子だった。

誰だって、将来は不安なもの。とくに近年は、不況のあおりを受けて、規模の大小にかかわらず倒産が相次いでいるし、国の財政は傾きっ放しで年金や子育てに関する不安は広がる一方だし、天災や凶悪事件が続いて世間は揺らいでいるし、不安が増して当然かもしれない。彼も、

「会社がある日突然、倒産したらどうしよう」

「いつリストラに遭うか、わからない」

「退職金はもらえないかも。年金も支給されなくなるかも。住宅ローンさえ払えなくなったらどうしよう」

「ダメな父親だと、妻子から見放されたら、どうしよう」

「ストレスに押しつぶされて、病気になったらどうしよう」

「親が健康を損ねたら、たちまち介護の問題に直面する。どうしよう」


などと、暗い将来ばかりを思い描いているようだった。

気持ちはわかるが、一寸先は闇のなか、この先自分がどうなるのかが見えるわけはない。不安が現実になるかもしれないし、すべて杞憂《きゆう》で平穏無事な日々が続くかもしれない。だから、心配したってしょうがないのである。

振り返って、若いころの自分を考えてみるといい。いまという時代が、いまの自分が、こうなっていると想像していただろうか？　時代はすさまじい勢いで移り変わり、自分自身もそのなかで変わってきたとは思わないだろうか？

私自身、青年のころは「テレビを見る日常」すら想像できなかった。それに戦争中は、将来の不安どころか、いま現在の恐怖と闘うのが精一杯だった。それでも何とか、さまざまな艱難辛苦《かんなんしんく》に遭遇しながらも、生きてきた。

将来をどんなに憂えても、未来の時間をコントロールするのは不可能なのだ。

■悩むときは「解決策」を同時に考える

もっとも、見えない将来におびえる人は、そう簡単に頭から不安要素を追い出すことはできないかもしれない。そんな場合は、不安要素の一つひとつをつぶしていく思考をすることをお勧めしたい。

昔から「備えあれば憂いなし」と言われるように、心配なことに対する備えさえしていれば、「どうしよう」という言葉だけが頭のなかでいたずらにグルグル回ることもない。何につけ、

「とりとめもなく悩む」

ほど無駄なことはない。同じ悩むなら、解決に向けて、

「具体的に悩む」

ことが大切なのだ。

不動産会社の彼にしても、目的を持って悩むだけで、

「会社がいつ倒産しても、自分がいつリストラに遭っても困らないように、名刺がなくても仕事ができるだけの技量を磨く」

「退職金や年金がもらえないことを想定して、預貯金もしくは投資に励む」

「家族との時間を大切にする」

「健康にいい生活習慣を身につける」

「介護に関する情報を仕入れておく」

など、すぐに解決策は出てくる。これで心の不安はおさまり、将来の不安に備えて行動する元気がわいてくるはずだ。

生涯〝不安〟と無縁だったわが母

私の母は超現実的な人間だった。戦後、住む家に困れば、渋る父（歌人の斎藤茂吉）を尻目にほとんど独断で父の原稿料を出版社から前借りして、さっさと家を建て

た。目の前に問題が出てくれば、解決に向けて、他人の思惑は関係なく、どんどん行動した。家族はどれだけ母に感謝をしたか知れない。

海外旅行先で飛行機にトラブルが発生してスケジュールが狂えば、決してあわてず騒がず謡曲をうなっている。

つまり、母は、自分が行動して問題が解決するとなれば積極的に行動するが、自分一人の力ではどうしようもないときは、じっと時がくるのを待つのだ。

だから母には、目の前の現実があるだけで、将来の不安とはほとんど無縁であった。

5 「いま、この瞬間」に意識を向ける

若いうちはそうでもないが、四十の坂を越えるころになると、昔のことが妙に懐かしく感じられるものである。二十代、三十代をがむしゃらに突っ走ってきて、ふと足を止めて来《こ》し方を振り返りたくなる、という感じだろうか。

「ああ、あの日に帰りたい！」

そんなことを思うときだってあるだろう。

そう思うこと自体は、大変けっこうなことだ。自分の過去の人生から、幸せな記憶を呼び起こせるなんて、すばらしいことではないか。大正・昭和の詩人、萩原朔太郎《はぎわらさくたろう》だって、

「幸福人とは、過去の自分の生涯から満足だけを記憶している人々であり、不幸人とは、それの反対を記憶している人々である」

と言っている。だから、「あの日に帰りたい」と思えるほど幸せな過去を持ってい

ることは、実に喜ばしいことなのである。

ただ、「帰りたい」と思うことには、何のメリットもない。言うまでもなく、どんなに強く望もうが、過去に帰ることはできないからだ。そういう願っても決して手に入れられないような夢を抱くから、気持ちがどんよりしてしまうのである。

■未来は、いまこの瞬間から変えられる

では、どうするか。こう考えてはどうだろう?

「自分がいま、『あの日に帰りたい』と願う、そういう過去をこれから作っていこう。いまから未来に向けての幸せを追求してみよう。さて、どうするかな?」

過去は〝いま〟の積み重ねでできⅼ上がるもの。したがって、過去は「帰る場所」ではなく、自分の力で創造していく「常に建築中の家」のようなもので、いい作品にするためにせっせと腕をふるうのが筋なのである。

「昔は幸せだったなぁ」と懐かしく振り返る気持ちがわいてきたら、いまこの瞬間を幸せに生きることに意識を向ける。それが、「あの日に帰りたい」なんて見果てぬ夢を抱かずにすむ、一番の方法ではないだろうか。

2章

「もうバタバタしない！」時間術

6 探し物がピタッとなくなる五つの習慣

・出かけるときになって、「財布がない」「定期がない」「ハンカチがない」と騒ぐ
・宅配便がきてから、「ハンコがない」とあわてる
・必要な資料が見つからず、デスクに山積みになった書類をひっかき回す
・大事なことをどこにメモしたか忘れて、手帳をパラパラ、引き出しをガサガサ
・パソコンのデータをどこに保存したかわからなくなって、あちこちクリック

こんなふうに、「あれがない、これがない」「あれはどこだ、これはどこへやった」と年がら年中、探し物をしている人がいる。

探し物が発生する諸悪の根源は、整理整頓がなっていないことにある。デスクが散らかっていたり、物の収納場所が決まっていなかったり、資料が必要なときにすぐに取り出せるようファイリングされていなかったりするから、探し物が頻発するのだ。

ならば、解決策はただ一つ。「デスクをはじめ、身の回りのありとあらゆる物を整理整頓する」ことだ。

なんてことを言うと、整理整頓の苦手な人はすぐに、「整理整頓をしている時間もないんだよ」と反発するが、それは本末転倒というもの。整理整頓をする時間を作らないから、大事な時間をますます失うことになるのだ。

この悪習を断つためには、どんな心がけを持てばよいだろうか。

■これであなたも「整理整頓上手」になれる

第一に、「あとで片づけよう」ではなく「いま片づける」ようにすること。

・新聞を読んだら、すぐにラックなどにしまう
・ラックに新聞が溜まったら、すぐにまとめて資源ゴミに出す準備をしておく
・食事をしたら、すぐに食器を洗い、棚にしまう
・洗濯物が乾いたら、すぐにたたんでしまう
・洋服を脱いだら、すぐにタンスやクローゼットにしまう

・汚れた衣類は洗濯カゴに入れる

・ゴミはゴミ箱に捨てる

たったこれだけのことで、部屋はずいぶんと片づく。部屋を片づける手間など、あとから物を探す苦労に比べたら、どうってことはないだろう。

第二に、物の置き場所、しまい場所はきちんと決めておくこと。

探し物に手間取る人の多くは、物の置き場所・しまい場所を気ままに変える傾向がある。昨日、机の引き出しに入れたハンコが今日はタンスの引き出しにあり、明日は玄関の靴箱の上にあり、その次の日は服のポケットにある、という具合に。常に同じ場所にしまってさえいれば、あたふたと探し回らずにすむ。

第三に、とくに仕事の書類は、自分の使い勝手に合わせてファイリングしておくこと。

案件別でも、取引先別でも、人物別でも、時系列でも何でもいいので、自分が一番使いやすいテーマで、中身が一目瞭然のクリアファイルやボックスファイルを使って整理するといいだろう。ここは、ビジネスパーソンにとって一番の工夫のしどころ。使いやすさ、見つけやすさを追究しよう。

第四に、予定に応じて必要なグッズのセットを準備しておくこと。

たとえば、帰宅したらすぐに、財布や定期、車のキーなどを取り出して、そこにハンカチやティッシュ、充電済みの携帯電話などを加えてカゴに入れ「出社セット」を作る、という方法もある。

翌朝はその中身をそっくり持って出ればいいので、部屋じゅうを走り回って「出社必需品」を集める手間が省ける。

また、会社でも終業後に、翌日予定している行動に必要な物をまとめて準備しておくことをお勧めしたい。これで、朝からスムーズに仕事に入れるだろう。

第五に、情報整理はそのとき、その場でやること。

・資料を作成したら、その場でタイトルと日づけを書いて、しかるべきところにファイリングする
・欲しい情報を入手したら、すぐにそれを使う仕事のファイルに収納する
・調べ物が生じたら、その場で情報収集活動を始める

このような習慣をつければ、

「この前作った資料、どこ行った？」

「いい情報を見つけたんだけどなぁ。どこにあったっけ？」

「何を調べなきゃいけなかったんだっけ？」

などと〝考え込む〟時間を減らすことが可能になる。


以上が、「探し物にかける時間を減らすための五カ条」である。

これらを習慣化できれば、間違いなく整理整頓上手になれる。と同時に、これまで探し物にあてていた非生産的な時間がぐんと減り、もっと生産的なことに時間を使えるようになる。

探し物によるバタバタをなくすのは、一にも二にも整理整頓なのだ。

とは言うものの、私は入れ歯を忘れて飛行機に乗ったこともあるし、忘れ物はしょっちゅうだ。そんな人は、出かけるとき家族に「忘れ物は？」と必ず一言声をかけてもらうのも一つの手である。

7 つい時間に遅れてしまうあなたへ

遅刻する人は大半が常習犯だ。周囲からも「時間にルーズなヤツ」とレッテルを貼られているもの。

そういう遅刻癖のある人はまず、

「時間は貴重なものである」

と再認識する必要がある。その感覚が欠如していることが多いからだ。

そして、

「他人の時間を浪費させる権利は、自分にはない」

と強く自分を戒めなければならない。

ただ人を待って過ごす時間は、たとえそれが五分、十分であっても、実にもったいないもの。本当なら、もっと生産性のある仕事の一つもできるのに、その貴重な時間を奪っているのだから、大いに反省しなくてはいけないのだ。

■「遅刻の原因」は主に四つある

次に大切なのは、いつも遅刻する原因はどこにあるのかを知り、それを改めることだ。

たいていの場合、遅刻の原因は出かける前の〝準備不足〟にある。ここに潜んでいるのは、

①所要時間の見積もりが甘い
②支度《したく》にかかる時間の見積もりが甘い
③外出時に持っていく物の点検が甘い
④行動の優先順位のつけ方が甘い

という四つの「甘さ」である。

①については、いまはインターネットで電車の乗り継ぎや地図を簡単に調べられる時代なのだから、その手間を惜しまずにちゃんと調べればすむ話である。

②は、支度にかかる時間を一度計ってみて、プラス十分程度の時間を見積もるといいだろう。

③は、あらかじめ「外出セット」を作っておくことで解決できる。

④は、最優先すべきは時間を守ることだと自分に言い聞かせ、出かける間際にどうでもいい突発的な用事が入ってもあと回しにすること。

たったこれだけのことで、遅刻癖は必ずや改善できるだろう。

■待っているときの〝細切れ時間〟を賢く使う

遅刻する人だけではなく、待たされる人にも〝準備〟は必要だ。

誰と会うときでも、相手が遅刻することを前提に、待たされる時間を有効に過ごす準備をしておくといいだろう。読みたい本とか、目を通しておきたい書類とか、空き時間にできる電話やメールなど、待ち時間を空費せずにすむ〝防衛策〟を練っておくと、待たされてもさほどイライラせずにすむ。

他人のために自分の時間を無駄づかいせぬよう、時間に正確な人も準備を怠ることのないようにしよう。

8 「締め切り効果」を利用しない手はない

原稿を書いていていつも不思議なのは、

「そんなに早い締め切りに間に合うわけがない」

と焦るときも、

「締め切りはまだまだ先だから、余裕で間に合うな」

とゆったり構えているときも、完成するのは常に、締め切りギリギリの刻限であることだ。これはまさに、「締め切り効果」にほかならない。

とは言え、いつもいつも締め切りと格闘していては、それに追われるだけ。たとえ、頭では「まだ大丈夫」とわかっていても、始終、

「急がなければ」

「早くやらなくちゃ」

「締め切りに間に合わなかったら、どうしよう」

という思いにとらわれ、苦しい日々を送るはめになる。

■「自分だけの締め切り」を設定する

そこで提案したいのは、「締め切り効果」を上手に使う方法だ。

突発的に入った急ぎの仕事は別にして、そうでない仕事については仕事相手から申し渡された締め切りより早い時期に、「自分だけの締め切り」を決めるのだ。

そうすれば、締め切りを追いかける気持ちになれる。その分、気持ちにゆとりができるだろう。しかも、「締め切り効果」はそのまま活かせるので、早く仕事を片づけることができる。おのずと、余暇時間も増えるというものだ。

実際、自分だけの締め切りを課してバリバリ仕事をし、〝正式の締め切り〟までの浮いた時間を自分の好きに使っている人は少なくない。優秀な人ほど、やるべき仕事は設定された締め切りより前に仕上げ、どんどん仕事をし、充実したプライベートライフをも確保しているものだ。

たとえば、あるクレジット会社の社長さんは若いころ、上司から仕事の指示があるとすぐに「いつまでですか?」と尋ね、それより早く提出するべく、自分の締め切りを決めていたという。

今日じゅうにと言われれば二時間後、三日以内にと指示されたら翌日、一週間以内と設定されたら二、三日後、といった具合に。

彼は仕事が速い分、残業もせずに余暇を存分に楽しんだうえに、誰よりもたくさんの仕事をしたという。それがまた、経営者にまで上り詰める能力の礎《いしずえ》となったのではないだろうか。

もちろん、「早かろう、悪かろう」では話にならないが、「締め切り効果」によって生み出された集中力は、仕事のクオリティをも上げるもの。多くの場合、〝迅速かつ上質な仕事〟を可能にしてくれる。

私は妻に拙速と言われるくらい仕事や原稿はあと回しにせず、処理するように心がけている。たとえば、知人や出版社から本が送られてきたら、その日のうちにハガキの礼状を出すのだ。すると周囲から、「斎藤は義理堅い」などと評価されるようになった。

私はこれを大変と思ったことはない。単なる習慣なのだ。

いい仕事をし、いい人生を送るためには、「締め切り効果」を利用しない手はない。

9 〝やる気〟のスイッチはこんなところにある

誰にでも「どうも乗らないなぁ」というときがある。たとえば、

・少し前にイヤなことがあり、その記憶が頭から離れず、思考力が鈍る
・疲れているせいか、頭がイマイチよく回転しない
・心配ごとがあって、仕事に集中できない
・どうにもやる気が出ない

というようなときだ。
それを防ぐには、次の二つのポイントを覚えておいてほしい。

①体の健康を保つこと

②使う頭の回路が同じような仕事を、まとめて処理すること

具体的にはどうすればよいか、それについては実践者の発言に譲ろう。彼はあるIT企業に勤める青年である。

■仕事がスイスイはかどる、たった二つのポイント

「金融関係で成功した人が、雑誌のインタビューで『成功の秘訣は？』と問われて、『絶対に風邪をひかないことです』と答えていたんですよね。それを読んで、目からウロコというか、『たしかに風邪をひくと、仕事をする気力も集中力もなくなるよなぁ。成功者と言われている人って、みんなタフだよなぁ』と思ったんです。

というのも、自分がしょっちゅう風邪をひいては、無理をして仕事をすることの繰り返しで、実に能率の悪いことをしていましたから。

別に好きで風邪をひいていたわけではありませんが、健康管理がなっちゃあいなかったのは認めざるをえません。それで、『もう、絶対に風邪をひかない』と決意して、健康管理に心を砕きました。

何も特別なことはしていなくて、夜ふかししない、規則正しく食事をする、生活に適度な運動を取り入れる、疲れたら休む、周囲の人が風邪をひいたら自分もマスクをつける、といったちょっとしたことですが……。

それだけでも、風邪をひく回数は減りました。体調が悪いのに無理して仕事をしていたときと、能率も格段に違います。体調さえ良好に維持していれば、仕事への集中力が低下することもないと再認識しましたね。

あと、頭の回路については、仕事って始めるまでに時間がかかることに気づいたのがきっかけです。やりたくない仕事でも、いったんやると決めて取りかかると、いつの間にか集中しているでしょう？　それと同時に、処理能力が加速しますよね？

ただ、次の仕事が脳のまったく別の回路を使うものだと、たちまちにしてトーンダウンし、『やりたくない病』が再発してしまうことが多いのです。ところが、同じような回路を使う仕事なら、集中力が持続します。

僕はここに目をつけたのです。ならば、できるだけ脳の同じ回路を使う仕事をまとめて処理し、それを終えてから脳のスイッチを切り替えて別の回路を作動させようと。たとえば、電話で打ち合わせをする仕事を五、六件、まとめてしまいます。相手がうまくつかまれば、電話を重ねるにつれて舌の滑りがよくなり、話がスムーズに運びます。

メール処理も一度にやります。メールがくるたびに返信し、なんてことをしていたら、そのたびに仕事が中断されて能率が落ちますから。

あと、可能な限り、『今日は外回り』と決めて、朝から晩まで商談に出向くという日も作ります。ずっと出かけていると、『面倒くさいな』と気分が乗らない、なんてことも避けられます。

そのほか、書く仕事、読む仕事、雑用など、勢いに乗ってやれそうな仕事はすべて、まとめます。脳のスイッチをいちいち切り替えなくてすむ分、とても効率が上がります。そうすることで、物ごとをじっくり考える、まとまった時間もとれますしね」

■頭と体は、車の両輪のようなもの

以上が彼の話だ。たしかに、

「まず資料を一つ読んで、それから電話を一本して、次に企画書を書いて、途中でメールをチェックして、電話をして、次は外回り、帰ってきたら引き続き資料を読み、続いて書きかけの企画書……」

なんて具合に仕事を進めていると、脳の回路を切り替えるのが大変だ。切り替えるたびに、「乗らないなぁ」という感じでスピードが鈍り、やっと乗ってきたころにまた別のスイッチに切り替える……。効率が落ちることは目に見えている。

また、体調がよくなければ、集中力を発揮できないことは自明の理。体調維持は「時間貧乏」にならないための、最も重要な要素と言えるだろう。

頭と体を常に良好な状態にしておくことが、時間を上手に使うコツなのだ。

10 時間を「削る」と、心までやせ細る

私たちはみな、一日二十四時間という限られた時間のなかで、日々活動している。忙しいとつい、「一日が二十四時間では足りない！」と叫びたくもなるが、いくら望んでもそれはかなわぬ夢である。

そのせいか、時間が足りないとなると、睡眠や食事、遊びなどの時間を「削る」という行動に出る人が多いようだ。しかし、これはいけない。なぜなら、「自分にとって大切な時間を、やむをえず、イヤイヤ削った」という意識が残り、それが大きなストレスになってしまうからだ。

■大切な時間はあらかじめ「確保」する

そうならないためのベストな方法は、「時間を削る」という言葉を、自分の辞書から消してしまうことだ。「削った」と思うから苦しくなるのだから。

では、どう考えればいいかというと、

「自分のしたいことをするための時間を確保する」と考えればいい。つまり、一定の時間を自分の好きに使えるものとして、しっかり押さえておくのだ。

遊びたいのなら、「遊びの時間を確保して」遊ぶ。

恋人とともに過ごしたいのなら、「彼女と会う時間を確保して」デートする。

ゆっくり食事をとりたいのなら、「食事の時間を確保して」ご飯を食べる。

眠りたいのなら、「睡眠時間を確保して」熟睡する。

こんなふうに、自分のしたいことをする時間を〝確保して〟行動すれば、時間に追われてバタバタすることがなくなるだろう。ちょっとした気の持ちようで、時間を味方につけることができるのだ。

■これでダラダラ残業もなくなる

「やりたいことのために時間を確保する習慣がつくと、たとえ仕事時間が短くなっても、その時間内で終わらせようという意識が強く働き、ものすごい集中力が発揮できます。仕事だけではなく、睡眠も遊びもデートも家事も、日常生活のすべての時間効率が上がるような気がします」

と語るのは、出版社で働く女性だ。

彼女もかつては仕事が忙しく、「寝る時間がない」「遊ぶ時間がない」「デートする暇もない」と、毎日がバタバタだったそう。ところが、ある日、上司からこんな叱責の言葉を受けたという。

「仕事というのは、短い時間で最大の成果を上げることに価値がある。長時間働けばいいというものではなく、決められた枠のなかでいかに集中して、スピーディにやり遂げるかにかかっている。君はそのまったく逆を行く働きぶりだね」

そのときは悔しい思いをしたが、彼女は素直にそれまでの自分の働き方を反省したという。

また、私の患者さんのなかには「ふだんから仕事が忙しくて、何の趣味もない」と言って、いっそう憂うつな表情をする人がいる。そんな人に私は、「運転免許でも取って、ドライブでもしたらどうですか？」と勧めたことがある。

すると彼は、しばらくしてから実際に免許を取り、

「先生、大変でしたが、時間は何とかなるものですね」

と、嬉しそうに報告してくれた。

忙しいみなさんもぜひ、

「時間は削るものではなく、確保するもの」

であることを肝に銘じてもらいたい。

3章

頭と心の「リセットボタン」を押す

11 疲れたら休む――それでいいのです

人は、眠らなくては生きていけない動物である。なぜなら、大量のエネルギーを消費する脳を休ませる必要があるからだ。

そこを無理して、疲れた脳に仕事をさせようとしても無駄である。考えに考えて、それでも結論が得られない、あるいはいいアイデアが浮かばないようなときは、脳はすでに「働けない」状態になっているのだ。

それ以上働かせても、まさに「下手《へた》の考え休むに似たり」。どのみち「休んでいるのも同然」の働きしかできない脳なら、ちゃんと休んだほうが得である。働かせても成果が出ない脳には、休みをあげるに限るのだ。

私自身、若いころは原稿用紙の前で、何時間もうなっていたことがよくあった。「締め切りを守るためにはさぼってはいけない」という気持ちが強かったせいか、頭が疲れているのに無理にでも働かせ、一枚でも多くの原稿を書こうと努力をしていたのだ。でも、いまは「煮詰まったら、休む」ことにしている。

それが夜ならば、その日はあきらめて眠ってしまうし、昼間であれば、お茶を飲んだり、テレビを観たり、音楽を聴いたり、とにかく、いままで使っていた脳の部分に休みをあげて、ほかの部分を働かせるのだ。

こうして休んでみると、「どうして煮詰まっていたのだろう?」と不思議に思うほど、ぐんぐん筆が進んでいくことがよくある。

こんなことを経験的に学んだ結果、私は〝頭を休ませる〟コツのようなものを会得《えとく》したように思う。

これが〝頭を常にクリアに保つ〟唯一の方法

世の中には、〝仕事離れ〟の悪い人が、多すぎるように思う。デスクにしがみついていなければ、自分が怠けているような強迫観念に襲われるのかもしれない。

また、〝休む暇もない〟忙しさから、文字通り休むことを忘れてしまう人もいるだろう。

けれども、それでは逆効果だ。脳は適当に休ませてやったほうが、よく仕事をする。

のべつまくなし頭を使うより、脳が一番よく働くペースをつかんで、集中と弛緩を繰り返していくことが、頭を常にクリアに保つ唯一の方法とも言えるだろう。

ちょっとくらい休んだところで、日によっては早寝をしたところで、仕事のでき上がりが大きく遅れることはない。勇気を出して休んだほうがむしろ、予定より早く仕上がることも少なくないだろう。

ただし、脳が気持ちよく働いているときは、無理して休ませなくても大丈夫。そういうときは脳も「喜んでがんばっている」ので、「疲れたよ～」なんて弱音は吐かない。大いに、休みなしで働かせてあげよう。

脳は天才も凡才も、千二百グラムから千五百グラム程度と言われている。成人の脳の重さはアインシュタインも私もそれほど差があるわけではない。脳はいいストレスを与え続けることで、その機能を伸ばすことができる。ただし、悪いストレスは、脳にダメージを与えることも事実である。

12 頭が疲れたら、体を疲れさせよ

ある職場で「クマさん」と呼ばれている男性がいる。彼には、〝煮詰まると、オフィスを歩き回る〟クセがあるからだそうだ。

「デスクにじっと座って考えていると、頭のなかがグチャグチャになってくるんです。ああでもない、こうでもない、あれがいいかな、これがいいかなと、いろいろな考えが現れては消え、現れては消え……。頭だけではなく気持ちまでモヤモヤ、イライラしてくるんですよね。

そんなとき、ちょっと歩くと、不思議と考えが一つに収束していくことが多いのです。だから僕は、煮詰まったらまず、デスクで一つ大きな伸びをして、そのあと、ウロウロとオフィスを歩き回ることにしています」

というのが彼の言い分だ。

■散歩をすると、なぜか頭が冴《さ》えてくる

必死になって考えるとき、脳には大きなストレスがかかっている。そのために「機能不全」というか、よく頭が働かなくなることがある。このストレスを軽減してあげるには、体にストレスを与える、つまりちょっと運動すると効果的だ。体へのストレスが、頭にかかっていたストレスを相殺《そうさい》してくれるのだ。

心に悩みを抱えているときも同じ。体を動かすと、ウソのようにストレスが消えることはよくある。

あなたにも、頭や心がモヤモヤしているとき、運動して汗を流したらすっきりした、という経験があるだろう。体を動かすことは休むことと同様、脳にとっては非常にいい「疲労回復法」になるのだ。

しかも、煮詰まってしまうほど一生懸命考えていたことは、考えるのをやめたからといって、簡単に雲散霧消《うんさんむしょう》するわけではない。脳の緊張が解けることによって、バラバラに混在していた考えが自由に動き始め、やがて有機的に結びついて一つの考えにまとまっていくことが期待できる。

体を動かすことなら、何だってかまわない。キッチンまでコーヒーをいれに行くとか、デスク周りの掃除をする、ロッキングチェアに座って体を揺らす、ベランダに出て深呼吸をする、近所に買い物に出かけるなど、ちょっとした気分転換になることをすればいいだろう。

私も八十七歳まで病院で回診をして、患者さんの手を握っておしゃべりをしたりしたものである。こういうことが私の精神に張りを与え、脳の刺激にもなったはずだ。

「寸暇《すんか》を惜しんで頭を使う」

のではなく、

「寸暇を作って体を動かす」

ことをすれば、頭を非常にいい状態に保つことができるはず。煮詰まったときの対処法として、とても効果的であろう。

13 ストレスがスーッと消える「三種の神器」

寂しい、苦しい、悲しい、切ない、満たされない……そんな感情でがんじがらめになっているとき、その鎖を、どうすれば断ち切ることができるだろうか？　実は〝三種の神器〟とも称すべき、すばらしい「道具」がある。

■思いっきり「笑う」

第一の神器は、「笑い」。その効能は誰もがご存知だろう。たとえば、ピリピリと緊張していた空気が、笑いによって一瞬にしてなごむ、なんてことはよくあることだ。

私はこれを利用して、講演をするときには必ず、最初の一言で聴衆の方に笑っていただくことにしている。

講演会ではみなさん、非常に緊張しておられる。講師はどんな人だろう、自分にも理解できる内容だろうか、心して話を聞き収穫を得なければいけない、咳《せき》をしたり物音を立てたりして、会場の静寂を破らないように注意しなければいけない……さまざまなことを考えるのか、壇上に立つと、みなさんの緊張感が伝わってくる。

けれども、私はリラックスして楽しく話を聞いていただきたい。そのほうがずっと、話が心に沁《し》みていくと思うからだ。

そこで私は開口一番、つまらない冗談を言って、お客さんを笑わせるようにしている。すると、一気に緊張感が解け、とてもフレンドリーな講演会になる。

こんなふうに場の緊張感を和らげる笑いは、頭や心の緊張感をも解きほぐすのだ。気持ちがうっ屈しているときや、マイナス思考が頭を堂々巡りしているようなときは、どうしてもしかめっ面になりがち。でも、そんなときこそ、眉を開いて大笑いするに限る。

実際にやってみるとわかるが、悩んでいた自分がバカらしくなってきて、心に頑固に居座っていた苦痛の塊がみるみる氷解していく。頭に張り巡らされていたグチャグチャ思考の網も、きれいさっぱりなくなる。

「笑う気分になれない」なんて、言いっこなし。人間、笑おうと思えば笑えるし、無理にでも笑っていれば心が楽しくなってくるものなのだ。

私はいつも「楽しいから笑うのではない。笑うから楽しくなるのだ」と心がけている。

■思いっきり「叫ぶ」

第二の神器は、「大声」。聞くところによると、ある女優さんは、「イヤなことはその日のうちに、誰にも迷惑をかけないところで発散する」のがモットー。「バカヤロー！」とか「コノヤロー！」「ふざけんじゃなぁ〜い！」などと大声で叫びながら、お手玉をクッションに投げつけたり、紙風船を膨らませてバーン！　と割ったりするそう。

なるほど、これは精神衛生上、非常にいいと感心した。「怒」「哀」「苦」「悔」などのマイナス感情が大声といっしょに心から飛び出し、気持ちがすっきりするのだろう。こうして心の乱れが落ち着くと、論理的な思考も可能になる。

大きな声を出すところがなければ、日記や原稿用紙にこうした「大声」を書くだけで、気持ちが落ち着くこともある。私も昔は、母と妻の間に立って大きなストレスが溜まると、深夜、日記に「バカヤロー！」「こんちくしょう！」と書きつけてストレス発散をしたものである。

■思いっきり「泣く」

そして第三の神器は、「涙」。泣きたいほどつらい気持ちなのに、涙を我慢するのは心の健康によくない。人前で泣くのはいささか恥ずかしいだろうから、その場ではとりあえず我慢して、一人になったときに号泣するといいだろう。涙のもととなっているストレスの塊は、外に出してしまうのがベストなのだ。

なかには、「俳優じゃないんだから、そんなにうまい具合に涙を流すことはできない」と言う人もいるかもしれない。でも、大丈夫。世の中には、涙なしでは読めない本や、泣けるドラマ、嗚咽《おえつ》を我慢できない映画など、涙の出る仕掛けのある娯楽がたくさんある。泣きたいときに備えて、用意しておいてはいかがだろうか。

笑いと大声と涙は、頭と心のストレスを問答無用で溶かしてしまうもの。これら〝三種の神器〟を大いに利用しようではないか。

14 イヤな感情は〝言葉〟にして吐き出す

私の病院にやってくる患者さんのなかには、日常の不平・不満・悩みをぶちまけるだけぶちまけて、すっきりした顔で帰って行く方が少なからずおられる。

みなさん、心にモヤモヤを抱えていたり、仕事や人間関係のストレスに押しつぶされそうになっていたりで、何をする気も起きないとか、朝起きるのもイヤだとか、何らかのうつ症状があって来院された方々だ。だから、私を相手にグチを言うつもりではなかった。

それでも、カウンセリングはただひたすら、患者さんの言い分を聞くことから始まるので、話は自然とグチっぽくなる。

一般的に、グチをこぼす人はどこでも歓迎されないので、言うまいと我慢する、それがいつの間にか溜まりに溜まって大きなストレスになっていたのだろう。私にありったけのグチをこぼすと、意外と心のモヤモヤが晴れてしまうようだ。

■イヤな感情は溜め込まない

そういう話を聞いていて思うのは、頭・心のモヤモヤは、日ごろの不平・不満・悩みを自分のなかに滞留させているために、どんどん広がっていくということである。これは、風が吹かないと、雨雲がいつまでも同じ場所に留《とど》まって、大量の雨が降り続くのと似ている。

そんなときは、言葉にして吐き出すのが一番だ。実際、患者さんの多くが、グチや悩みを言っている間に、自ら解決策を見出《いだ》して、

「あ〜、すっきりした。何だか、悩んでいたのがバカみたいに思えてきました。自分はこうすればよかったんですよね。よ〜くわかりました。さっそく、行動に移してみますよ。で、また壁にぶつかったら、先生のところへきます」

と、みるみる元気を回復させるのだ。私としてみれば、まるで〝一人芝居〟を見ているような気分だが、それがカウンセリングの効果でもあるのだ。結局のところ、自分の悩みを解決できるのは自分自身なのだから。

そういったことを考えると、心の健康のためには大いにグチったほうがいいと言え

るだろう。実際、グチの多い人というのは意外と精神的にタフで、うつ病にかかりにくいものなのだ。

ただし、「グチっぽい人」になってはいけない。自分はすっきりするが、聞かされる相手はたまらない。

それに、グチを聞かされる相手が、いつも黙ってフンフンとうなずきながら聞いてくれるはずもない。「悪いのは君じゃないか」と非難されて、傷口に塩を塗られるような痛みを味わうこともあれば、「うるさいなぁ」「うっとうしいよ」とばかりに突き放されて寂しい思いをすることもあるだろう。

そうなると、心のモヤモヤが晴れるどころか、別の新しいモヤモヤを作ることになりかねない。

■ペットや人形と話してみる

そこでおすすめしたいのは、物言わぬ相手にグチをこぼすことである。

たとえば、私が知っている三十代のOLは、飼い犬を相手に一人でしゃべりまくっているとか。

「帰宅するとひとしきり、犬とのおしゃべりタイムを楽しみます。『今日はね、こんなことがあったのよ。あれはむかついたわ。あれは参ったわ。私が悪かったと思う？　ほかにいい方法があったかしら？　でもね、嬉しいこともあったのよ』という感じで。犬には私の気持ちがわかるのでしょうか？　落ち込んだ話をすると、顔じゅうをペロペロなめてくれるし、楽しい話をすると、自分も楽しそうにしっぽを振る。悲しくて泣いちゃうと、いっしょにクーンって鳴きながらスリスリしてくれる。すっごい癒されますよ」

彼女によると、共感を持ってくれることがモヤモヤの発散に役立つそうだ。また、洗いざらい心のなかをぶちまけると、自然と前向きな考えになれるのも大きなメリットのようである。

それに気づいた彼女は、いまでは、「ワンちゃん相手の話は必ず、明るく締めくくる」ことをルールにしているそうだ。

ペットでも、人形でも、故人の遺影でも、何でもいいから、物言わぬ相手を持つことは、心のモヤモヤを晴らす最良の薬となる。ぜひ、お試しあれ。

15 問題点を書き出して〝気持ちの整理〟をする

物ごとは、頭のなかだけで考えていても、なかなかまとまらない。しかし、脳にグチャグチャとある考えを一つずつ取り出して言葉にしていくと、しだいに自分の考えが形になっていくことが多いものだ。

先ほどのOLのように、口に出してみるのもいいが、同じ意味で、書くこと、つまり自分の考えを文字にして表すことにも効果がある。「僕はもっぱら、困難にぶつかったときは書くことで問題を解決している」と胸を張る営業マン氏の話を紹介しよう。

■〝書く〟ことでスランプを脱出した営業マン

「打つ手はすべて打って必死でがんばっているのに、ノルマを達成できない月が続いたことがありました。『僕にどうしろっていうんだ。もう、どうしていいかわからないよ』と頭を抱え、悶々《もんもん》と日々を送っていたものです。

そうなると、思考がストップし、『どうしていいかわからない』という言葉だけが、頭のなかをグルグル回り、現状を打破する気持ちも行動も起こりません。結果、何の改善策も浮かばないまま、ズルズルとノルマ未達成の月を重ねていました。

さすがにこれではいけないと焦《あせ》ったのは、スランプが半年ほど続いたころでした。頭で考えていてもらちがあかないから、とにかく営業に失敗したときの、自分と相手の行動や考えをすべて、書き出してみようと思ったのです。と同時に成功したときのことも。

その作業は事実を書き出すだけですから、とくに頭を使う必要もありません。スラスラと文字にすることができました。書くことに没頭して一時間ほど経ったころでしょうか、煮詰まっていた脳の回路が少しずつ開いていくような感じがしました。そこで一休みして文字を眺めていると、さらに頭がすっきりしていくのがわかります。

そうして首尾よく、失敗体験からは問題点を、成功体験からは自分の強みをリストアップすることに成功したのです。

ここまでくればしめたもの。戦略の青写真が見えてきます。そうして、成績不振を返上できずにいた自分から、おさらばできました。もちろん、その戦略がいつもうまくいくとは限りませんが、また自分の行動を書き出せば、別の戦略が捻出できるはず。落ち込むことは少なくなりました」

■モヤモヤ、イライラは紙に吐き出す

彼は、事実を書き出しては問題点を浮き彫りにして解決策を生み出すこの繰り返しで、「ちょっとやそっとのことではへこたれない体質も身についた」という。

かく言う私も、本を執筆するときは、書きたいことを箇条書きにしていき、そこから構成を考えてペンをとるのが常である。煮詰まるとやはり、心に浮かぶキーワードをメモに書きつけたり、手帳を繰《く》っておもしろい情報を見つけては書き写したりすることで困難から脱していることが多いように思う。

また、私は「イライラメモ」なるものもつけていて、先ほど述べたように、日常イライラすることがあると、その思いを文字にしてメモ帳にぶちまけることもしている。すると、心のもやが晴れ、平穏を取りもどすことができるのだ。

ともあれ、書くことは頭の整理に欠かせないもの。頭のなかがグチャグチャしているときはとくに、書くことによって思考の糸をほぐしていくのは効果的である。

4章

「逃げない人」ほど〝いい未来〟が待っている

16 失敗を認めるのは早ければ早いほどいい

たとえば、洋服に穴があいたとき。糸でかがるなど、ちゃんと繕《つくろ》っておくと、それ以上穴が大きくなることはない。しかし、その手間を省くと、穴はどんどん広がっていく。

失敗はそんな綻《ほころ》びのようなもの。気づいたときにきちんと対応しておかないと、取り返しのつかない失敗になってしまいかねない。

「このくらいならわからないだろうと失敗を隠蔽《いんぺい》したら、とんでもないことになった。もっと早いうちに、白状しておくんだった」

などと悔やんでからでは遅いのだ。

■失敗を隠すほど〝穴〟は広がる

高校野球の甲子園大会の時季になると、必ずと言っていいほど、全国の高校での不祥事処分の記事が新聞に報じられる。指導者の暴力、球児の万引き、飲酒など、その原因はさまざまである。

また、不祥事の発覚も、学校側の公表以前に、父兄や第三者による高野連への通報という形も多いようだ。学校側としてみれば、教育機関という建前から非教育的な不祥事が発生すると、何とか隠せるものなら隠してしまいたいと思うようだ。結果、世間に知られるときは大ごとになってしまうケースがある。

学校以上に失態を恐れるのは警察である。もうずいぶん前になるが、大阪で落とし物の十五万円を交番に届けた女性が、受けつけた警察官がネコババしたにもかかわらず犯人扱いをされ、逮捕寸前までになった事件がある。これはS署の署長以下の幹部が、自署の不祥事を極端に恐れ、女性はシロという取り調べ刑事の判断を一切無視して彼女を犯人に仕立てようと画策したものだった。

これは、個人にも言えることである。誰しも、自分の失敗を認めるのは、あまり気の進むことではない。それで「隠せるものなら、隠したい」という心理が働くのだろう。その場逃れをするためにバタバタしたあげく、どうにも逃れようがなくなり、信用を失墜させる、それが「失敗の隠蔽」の構図である。

■「失敗した」と思ったら、その場で報告する

どんな小さなことでも、「あ、失敗した」とわかったら、その時点で隠さずに述べること。それによって、自分への評価が下がることもあるだろうし、被害を被《こうむ》った人から大目玉を食うこともあるだろう。

しかし、それも一時的なもの。失敗を真摯《しんし》に謝り、その後の対応でよい結果を出せば、評価は間違いなく百八十度変わる。「災い転じて福となす」ことだって可能だ。

それに、早い段階で失敗がわかることはむしろ、歓迎すべきこと。あとになって失敗に気づくのと違って、打つ手はいくらでもあるからだ。

ともあれ、人間は「失敗を犯す動物」なのだ。

17 逃げ道の先にあるのは〝行き止まり〟だけ

「よくよく考えると私、結婚を逃げ道にしていたんですよね」

知人の女性がある日、ため息をつきながら、しみじみとこう語っていた。彼女は三十代も半ばを過ぎたころ、将来が不安になってきたそうだ。

「この先仕事を続けたところで、何もいいことはなさそう。会社を辞めたいけど、かといって転職するのも面倒。そもそも、会社だっていつまで働かせてくれるかわからないし、私自身がもうすっかり働く気力を失くしている。そろそろ結婚して、専業主婦をしながら安穏《あんのん》と暮らしたい」

という気持ちが強くなったのだ。

彼女は、結婚相談所にメンバー登録をして、「誰か適当な男性を見つけて結婚しちゃおう」と計画した。

■「いまを輝いて生きる人」に人は魅力を感じる

ところが、事はそう簡単に運ばなかった。次から次へと男性を紹介してくれるものの、会った男性からことごとく交際を断られたのだ。

「続けて五人……ものすごいショックでした。いままで、フラれた経験なんてないのに、いつの間にこんなにモテない女になったんだろうと悔しくて。

でも、友だちにグチをこぼしていて、痛い指摘をされました。いまの私は輝いていないし、結婚に逃げ込もうとしているのがミエミエだと。

一瞬、ムカッときましたが、すぐに友だちの言う通りだと反省しました。デートのときも無意識のうちに仕事に対する不満をこぼし、こんな自分は結婚でもするしかないんだ、というようなことをしゃべっちゃいましたから。冗談っぽく言ったつもりでも、本音だとわかったのでしょう。

男性たちはきっと、結婚に対していい加減な気持ちしか持っていない私の心を見透《みす》かして、こんな女と結婚しても幸せな家庭を築けないと判断したんですよね」

うなだれる彼女だが、すでに立ち直り、

「もう、結婚を逃げ道にしない。いまを輝いて生きることが先決だ」

と、仕事に精を出している。また、結婚に関しても、

「結婚して、二人でどんな人生を歩みたいのか、自分なりの夢が描けないのなら、無理して出会いを求めることもない」

と割り切り、結婚相談所からは脱会したそうだ。

この話を聞いて、私はつくづく「彼女はいい友だちを持ったなぁ」と感心した。もし、彼女がそのまま結婚に逃げ込むことに成功したとしても、決して幸せになれたとは思えないからだ。

結婚は、自立した男女の結びつきでないと、たいていの場合はうまくいかない。自分一人の面倒も見られない人が、パートナーや子どもたちとともに助け合って幸せな家庭を作っていけるだろうか。一方的に家族に依存し、「私を幸せにして」と押しつける「ダメ妻」「ダメ夫」にしかなれないだろう。

苦しみのあとに「幸せ」はやってくる

結婚だけではなく何ごとにつけ、現状が苦しいからという理由で、逃げ道に走って

もいいことはない。そういう人は、逃げ道でまた新たな苦痛や不満を見つけ、それに耐え切れずに別の逃げ道を求めるだけ。いつまで経っても幸せにはなれず、現実から逃げ回るしかない人生を送ってしまうのだ。

たとえば、転職もそう。会社に不満があるから辞める、というのでは単なる現実逃避でしかない。一、二年勤めては辞める、という小刻みな転職を繰り返すだけだろう。こういう人を評価してくれる会社はまずない。

それが証拠に、ある経営者はこんなことを言っていた。

「転職を悪いとは言わない。ウチでも転職者を採用している。ただ、二十代から三十代のうちに、どこか一つの会社でじっくり腰を据えて働いた経験のある人でなければ採用したいとは思わない。最低でも五年、できれば十年。そのくらいの連続勤務を経験しなければ、組織で働く基礎が形成できないと思う」

会社に入れば、不満や苦しみが出てくるのは当たり前。そこから逃げずに、腐りきってしまうこともなく懸命に仕事を続ければ、やがて仕事がおもしろくなってくる。仕事とはそういうものだと、彼は言っている。

また、近ごろは「やりたい仕事がない」などと言って、働こうとしない若い人もい

るようだ。でも、私からすれば、

「やりたい仕事など、そう簡単に見つかるわけはない。贅沢《ぜいたく》を言いなさんな。四の五の言わずに、何でもいいから仕事につき、がんばってみなさい。でなければ、やりたい仕事なんて、永遠に見つからないよ」

と言いたくなる。

世の中の成功者も大半が、目の前の仕事に一生懸命取り組むことで、やがておもしろさに気づき、困難をものともせずに進んでいった人たちである。逃げなかったからこそ、仕事に喜びを見出すことができた、という見方もできるのだ。

仕事も恋愛も、人生には逃げ出したくなるようなイヤなことがたくさんある。でも、断言するが、逃げている限り、その先に幸せの光明《こうみょう》が射してくることはないのだ。

ジタバタせずに、現実とじっくり向き合い、そのなかでがんばってみようではないか。そうすれば、やがて幸せに行き着くいい流れに乗ることができるだろう。

18 今日がんばれる人が、明日幸せな人

イソップの寓話《ぐうわ》に、『アリとキリギリス』という話がある。それは、「アリは夏の間じゅう、汗を流して一生懸命働きました。でも、キリギリスは楽しく歌ってばかり。冬になって飢えてしまいました。キリギリスはアリに『食べ物はありませんか？』と乞うしかありませんでした」

というストーリーである。

アリはおそらく、「それ見たことか。働かざる者、食うべからずだ」と、内心思っていたのではないだろうか。

言うまでもなく、この寓話の教訓は、

「目先の楽しみにとらわれて、怠けてはいけませんよ。先のことを読んで、蓄えに励んでおかなければ、困るのは自分自身なのですよ」

ということである。

■「いまさえよければ……」思考に要注意

先のことを考えずに行き当たりばったりの行動ばかりとっていると、キリギリスのように「あとになって困る」ことはよくある。

・交通費の精算なんてすぐできると、あと回しにしていたら、半年分近く溜まってしまい、提出期限ギリギリに、徹夜するはめになった
・儲かったと喜んで、湯水のようにお金を使って遊びほうけていたら、一年後にとんでもない額の税金を払わなければならないことに気づいた
・締め切りはまだまだ先だと高をくくって、ろくすっぽ働かずに夜遊びばかりしていたが、想像以上に時間のかかる仕事で、締め切りを破って信用を失った
・遊びざんまいの生活でお給料を使いきっていたために、貯蓄はゼロ。病気で長期療養しなければならなくなり、医療費も払えず、二重の苦しみを味わった

遊んでいるときは楽しくとも、備えを怠った報いは必ずくる。さぼればさぼるほど、

のちの苦労は増えるのだ。

ときには童心に返って、この『アリとキリギリス』のお話を思い出し、アリのような勤勉さを忘れないようにしてもらいたいもの。とくに行き当たりばったりで行動しがちな人には、あとでバタバタしないために、『アリとキリギリス』を座右の書としていただきたい。〝遊び好き〟なればこそ、その悪《あ》しき習慣は改めなくてはならないのである。

19 イヤなことから手をつける勇気を

やりたくないなぁ、面倒だなぁ、苦手だなぁ……そういう気持ちが働くとき、ついつい行動を先延ばしにしてしまいがちである。

かつては私もそうだった。でも、あるときから、

「先延ばしにするより、すぐさまやってしまったほうが数段ラクだ」

と気づいた。

なぜなら、いくら時間を置いたところで、やりたくないことが急にやりたいことに変わったり、面倒くささが突然消えたり、苦手が得意に変わったりすることは決してないからだ。しかも、時間が経つにつれて、

「早く片づけてしまわなければ」

という焦りがどんどんつのり、いつまでも気持ちが落ち着かない。

そんな苦痛を長時間味わうくらいなら、やるべきことは時間があるうちにとっとと

すませてしまったほうが、実はずっとラクなのである。

あなたにも、イヤイヤながらも取りかかったらあっという間に片づき、

「やりたくないと思っている時間のほうが長かった」

なんて思いをした経験はないだろうか？　行動さえ起こせば短時間でできるのに、
それを先延ばししたために、

「やりたくない。でもやらなくちゃ」

という思いを引きずり、苦痛に満ちた長い時間を過ごしてしまう。そういうことはよくあるのだ。

■モチベーションを上げる、二つの方法

では、どうすれば重い腰をエイッと持ち上げて、イヤなことに取り組む気持ちを鼓《こ》舞《ぶ》することができるだろう。ベストな方法は、

「イヤなことの次に、得意なこと、好きなことをする」

または、

「イヤなことの次に、急ぎの仕事を入れる」

という予定を組み、何が何でもそのスケジュール通りに行動する決意を固めることだ。そうすれば、イヤでも、

「これをとっととすませば、好きなことができる」

「早くこれを片づけて、早く急ぎの仕事にかからねば」

という気持ちになれる。その分、作業時間も短縮できるだろう。

イヤなことをする時間は短くなるし、やる気が起きないままにダラダラと過ごす時間も減らせるし、一石二鳥ではないか。

実際、製薬会社で営業をしている男性は、この方法で、

「イヤなことを先延ばしする」

という悪習を改め、

「イヤなことから先にすませる」

習慣をつけることに成功したそうだ。

■「先延ばし」をやめると、こんなに仕事が好きになる

「病院回りをするとき、おっかなくて苦手な先生とか、あまりフレンドリーではない

先生とかを、どうしてもあと回しにしていました。懇意の先生のところへ行くほうが気は軽いし、成果もあげやすいからです。

それで、苦手な先生をあと回しにしては『明日でいいか』の繰り返し。ひどいときは留守と知っていて出かけて、訪問回数にカウントしちゃったくらいです。

こんな調子では、テリトリーが広がらないし、苦手な先生とのコミュニケーションも改善されません。上司もいい顔をしないですしね。

そこで、一念発起。苦手な先生から回るスケジュールを立てました。恥ずかしながら、それまでは行き当たりばったり。訪問する病院だけを決めて、あとは気の向くまま、足の向くままに回っていたんです。

最初は朝から気持ちがどんよりって感じでしたが、夕方疲れきってから訪問するよりはマシですよね。それに朝のスケジュールなら、そこを越えなくては一日が始まらないのでがんばるしかありませんが、夕方に入れると『明日に回しちゃおう』と、つい逃げちゃいますから。

いざ、会ってみると意外とうまくいくケースも多く、だんだんとチャレンジ精神に燃えてきました。そのスケジュールさえこなせば、あとは得意客の訪問だから、足取りも軽くなります。まんまと苦手な医師を征服した日はなおさら、いい波に乗れます。しかも、『明日は行かなくちゃ』という憂うつを抱えなくてもすむようになったし、心身の疲れが半減しました。いままではもっと早くに〝イヤなことから先にすます〟習慣をつけるんだったと悔やんでいるくらいです」

彼はこのほか、書くのが苦手なためにあと回しにしていた日報も、訪問を終えるごとにとっとと記載していく習慣も身につけたそう。

「一日の終わりに、その日の行動を思い出しながら書いていたころより、ずっと書く時間を短縮できました」

と話していた。

イヤなことを先延ばしにするのは、「のちの苦しみ」を増やすだけ。先に片づけると、その苦しみから解放されるだけでなく、「のちのお楽しみ」がぐんと増えるのだ。

20 正直者は、バカを見ない

「つい、その場しのぎのウソをついてしまった」——誰しも経験があるだろう。
ただ、そのウソをつき通すのは至難のわざだ。一度ウソをつくと、辻褄《つじつま》合わせのために、次々とウソをつかなくてはならなくなる。たとえば、こんな具合に。

上司「どうして遅刻したんだ？」
部下「あれ、言いましたよね？　今日は立ち寄りで、A社の打ち合わせに」
上司「聞いてないなぁ。何の打ち合わせだ？」
部下「課長と、新製品のプロモーションについて」
上司「変だな。私がさっき電話したら、今日は出張だと言われたよ」
部下「あ……そうでした。課長じゃなくて部長が……」
上司「部長といっしょに出張されているんだよ」

部下「そうそう、たまたま出張先から電話があって、それで……」
上司「もう、いい。寝坊したのなら、正直にそう言いたまえ。信用ならないヤツだ」

■一つのウソが、百のウソを呼ぶ

この例はかなり間抜けだが、ウソというのは綿密にストーリーを練ったつもりでも、どこかで綻びが露見するもの。ウソの上塗りをすればするほど、話に矛盾が生じるのは避けられないだろう。

また、たとえその場しのぎのウソをまんまと通用させたとしても、あとになって自分がついたウソを忘れてしまい、墓穴を掘ってしまうこともある。

たとえば、「風邪をひいた」とウソをついて会議をさぼり、サッカーの試合の応援に行ったとしよう。その場は信じてもらえるだろうが、後日雑談をしていてサッカーの話題になったときに、つい「あの試合、おもしろかったね」と言ってしまい、

「あれ？　あの日はたしか君、風邪で会社を早退したよね」

とウソが露見する、というようなことがよくあるのだ。

以上のように、ウソをつくと、「矛盾を指摘されないよう、巧妙に話を作る」手間

がかかるし、「自分のついたウソを覚えておく」努力も必要になる。

そんな苦労を増やすくらいなら、ウソなどつかないにこしたことはないだろう。

しかも、ウソがバレて信用を失うと、人間関係が大きく損なわれる。それほどのリスクを冒してまでウソをつく必要はまったくないと明言できる。

もっとも、「ウソも方便」と言われるように、時と場合によってはウソをついたほうが、物ごとが円満に運ぶ場合もある。

精神科医であった祖父の紀一は、患者さんの頭に聴診器を当てて「ずいぶん症状がよくなってきましたよ」と安心させたという。これは紀一の大らかなキャラクターもあったが、あくまでも患者さんのためを思っての診察術である。

ただこれも、自分の都合だけを考えてウソをついた場合は、おおむねうまくいかない。

「調子のいいヤツだ」

との、そしりをまぬがれないだろう。

相手のことを思いやってつくウソなら有効なこともあるが、結果的に怒りを買うことのほうが多いことを覚えておいてもらいたい。

■“ウソはいつかバレるもの”と考える

原則、ウソはつかないこと。

たとえ、本当のことを言うと自分が窮地に立たされる、あるいは誰かを傷つけると思えるときでも、真実を語ったほうがいい。その真実によるダメージは、ウソがあとでバレたときの傷口よりもずっと浅くてすむからだ。

何より、自分がついたウソに振り回されて、バタバタすることもなくなるだろう。

脳の記憶野には事実だけをインプットし、心からはご都合主義の邪《よこしま》な気持ちを排除しよう。正直者は決してバカを見ることはないのだ。

5章

夢に一歩近づく、このシンプルな心得

21 わずか一日十分の習慣が、膨大な時間を生む

あれもやらなければ、これもそれもと、年がら年中忙しくて、心の余裕をなくしてはいないだろうか？　そういう人をよく観察してみると、思いつくままにいろいろな仕事に手をつけているか、「あ～、何から手をつけていいかわからない！」と頭を抱えているか、どちらかのように思う。

本来、やらなければいけないことが山積《さんせき》している場合、手際よく片づけていくべきなのに、それができない。段取りの悪さに最大の原因がありそうだ。

となれば、解決策はただ一つ、「やるべきことをリストアップして優先順位をつけ、段取りよく進めるためのだいたいのスケジュールを組む」ことだ。

おそらく、段取り下手の人は、

「スケジューリングする暇があれば、一つでも仕事を片づけたい。そんな悠長なことはしていられない」

と反発するだろうが、その認識はまったく間違っている。予定を組むのに必要な十分ほどの時間を惜しんだばかりに、その十倍くらいの時間を無駄づかいしてしまうのだ。

仕事がはかどるかどうかの八十パーセントは、段取りにある。

私が軍医として軍隊に行っているとき、やかましく言われたのは「死節《しせつ》時間をなくせ」ということだった。つまり、時間の浪費は、軍隊という集団では重大な結果を招きかねないと考えられていたのだ。

■毎晩、次の日のスケジュールを立てる

以下に、スケジューリングのメリットを掲げると、

・やるべき仕事をリストアップすることで、やり残し、やり忘れがなくなる
・並行してこなせる仕事が一目瞭然にわかり、効率が上がる
・頭からほかのやるべき仕事を排除して一つの仕事に集中できる分、効率が上がる
・ポカッと時間が空いたときでも、「何をしようかな」と迷う必要がなくなる

・焦りが軽減され、平常心で仕事に取り組める

予定を組むときには、あまり詰めすぎないで、ある程度は余裕を持たせるのがコツだ。たとえば、二十分かかる仕事なら三十分、一時間かかる仕事なら一時間二十分、といった具合に、少々多目に見積もっておくといいだろう。気持ちにも余裕ができるし、予定外の急な仕事にも対応しやすくなる。

また、時間が空いたときのために、短時間ですむ細かな仕事を、「隙間時間の仕事リスト」に羅列しておくのも効果的だ。予定より早く仕事が終わったときに、ポンと放り込めるからだ。

さらに欲を言えば、予定は前日のうちに立て、朝ざっと確認し必要に応じて修正するスタイルがベストである。目的は、仕事の準備をきちんと整えて、スムーズに仕事に入れるようにすること。いざ仕事を始めるときに「資料がない」となったり、訪問先の場所を調べるのに手間取ったり、余計な準備仕事を減らすことができる。

こんなふうに予定を立てて行動すると、スムーズかつスピーディに仕事が進み、余暇の時間の創出も可能になる。

「忙しくて、余暇を楽しむ暇もない」という人の大半は、段取りを考えずに行き当たりばったりの仕事をしていることが多いもの。スケジュールを組んで無駄な行動をなくすのが先決だ。

22 未来の羅針盤——「夢の計画表」をつくる

私の知り合いに、「僕は小説家になる!」と豪語しながらも、八百字の文章すら書いたことがない、小説もろくすっぽ読んだことがない、という人がいる。こういう人は言い換えれば、「欲張りなくせに、努力をしない人」である。

昔から、「ローマは一日にしてならず」とか、「千里の道も一歩から」と言われるように、何ごともとにかく手近なところから始めて、コツコツと努力を重ねなければ夢は達成できない。何の努力もせず、一足飛びで夢をかなえることなど不可能である。

成果を欲張って、焦ってはいけない。小さなことからコツコツ始める覚悟を決めたいものだ。

■期限とプロセスを決める

ただ、夢は一朝一夕《いっちょういっせき》にかなうものではないだけに、どこから手をつけていいやら、途方に暮れてしまう人もいるだろう。何をしていいかわからないから行動できない、というわけだ。

ならば、決めればいいだけのこと。まず、「いつか、夢をかなえる」なんてあいまいな考えを捨てること。そして、「いついつまでに、夢をかなえる」という期限を設けるのだ。これだけで、夢に対してかなり本気になれる。

次に、夢をかなえるためには何が必要かを考え、だいたいのプロセスを計画する。その際、小さな目標の旗を立てるといいだろう。随所に〝達成感〟というご褒美ポイントを設けておくと、現状の自分と夢を達成した自分との距離感がつかみやすいし、「次はあそこ、その次はあそこ」と、常に前を向いて進んで行きやすいのだ。

逆に、このご褒美ポイントがないと、給水ポイントのないマラソンコースを走るようなもの。ゴールまでの距離がとてつもなく遠く感じられ、「ここまで達成した」という実感も持てず、それだけ挫折の危険が高まるだろう。

先ほどの小説家志望の人であれば、たとえば「七年後に小説家として独立する」というゴールと期間を設定する。そして、そのために必要な行動をリストアップし、次のような計画を立てるのだ。

・古今東西の〝名作〟と評される小説を中心に月に二十冊、五年間で千二百冊を読破し、優れた文章表現を学ぶ
・人に読まれることを前提にした日記を書く、あるいはインターネットにブログを開いて公開する。毎日最低千文字
・たくさんの人に会って、インタビューの練習をしながら、見聞を広める。目標は月に二人程度、新しい知り合いを作ること
・三年後に、専門学校などに行くなどして、小説を書くための具体的なテクニックを学ぶ
・四年後に、短編を一作、完成させる。同時に、作品を発表できる場の情報収集を進める
・五年後から二年間、文芸誌などの懸賞小説に応募しまくる
・七年後、何らかの文学賞を受賞し、小説家として一人立ちする
かなり大雑把《おおざっぱ》だが、こうして書き出してみるだけで、自分がいま何をすべきかが見

えてくる。行動するうちに、新たにやるべきことも見つかるだろう。そうしたら、それをまたプロセスに加えればいいのだ。

■あとは行動するだけ

また、なかなか目標通りに進んでいけなくても、落ち込むことはない。随時、プロセスを見直して軌道修正をすればいいのだ。

とにかく行動しなければ、何も始まらない。あまり欲張らずに、無理のない範囲で夢達成のプロセスを描き、最初の一歩を踏み出してみること。

夢に向かうときは、その道のりがどれほど長く険しくとも、苦にならないもの。「惚れて通えば千里も一里」ではないが、夢という恋人を手に入れるためなら、どんな道も嬉々《きき》として歩いていくことができるはずだ。

23 「これ」と決めたら最後までやり抜く

あれもしたい、これもしたい――。

たくさんの夢を持つのは、すばらしいことである。ただ、あまり欲張って手を広げると、「下手の横好き」と同じで、「何一つモノにできなかった」ということにもなりかねない。

十代から二十代前半の若いうちは、いろいろなことにチャレンジするのもいいだろう。それは、「自分はこれで生きていく！」と思えるものに出会うために必要なことでもある。

でも、三十歳の声が聞こえるころになってもまだ、〝あれもこれも〟と迷っているようでは、ちょっと困る。なぜなら、〝あれもこれも〟と中途半端にかじるだけでは生き方が定まらず、達成感の薄い人生になってしまうからだ。

遅くとも三十歳までにどれか一つに絞り、その夢に向かって一心不乱に進むのがべストである。

■「あれもこれも」は三十歳まで

そもそも、〝あれもこれも〟と食指《しょくし》を伸ばす人は、ちょっと壁にぶつかっただけで、挑戦をあきらめてしまうことが多いようだ。すぐに、

「私には向いてない」

とか、

「思ったほどおもしろくなかった」

「ここが面倒くさい」

「こんな努力はしたくない」

などと不満を抱き、すぐに放り出してしまうのだ。

しかし、すべてにおいて満足できることなどない。趣味ならば、ちょっと手を出してはやめて、という気まぐれも許されるが、仕事となるとそうもいかない。

世界的な建築家の安藤忠雄さんは、十代のころはプロボクサーを目指していたが、その後、独学で建築を学び、独創的な建物を世界中に建てている。

そんな安藤さんも、建築家として独立したころは、まったくと言っていいほど仕事がなかった。ようやく人脈に頼って作った家が、「住吉の長屋」と称する個人住宅だった。コンクリート打ちっ放しの家だが、トイレに行くには屋根のない中庭を通って行かねばならない。当然、雨の日は傘をささねばならないという、ユニークな家だ。世間をあっと言わせたこの建物は、「日本建築学会賞」を受賞して、安藤忠雄さんの出世作となった。

ここで私が言いたいことは、安藤忠雄さんは建築家を生涯の仕事と決めてからは、ブレずにどんどん独創的な仕事をしたことである。高校卒の東大教授として、ずいぶん話題にもなった。実に人生はおもしろいものである。

24 足もとの幸せに気づく人、気づかない人

欲望というのは、どんどん膨らんでいくものだ。私自身、昔、食糧不足のときは食べるものさえあれば幸せだったのに、いまはおいしいものを食べることを喜びとし、心のどこかにいつも「もっとおいしいものを食べたい」という気持ちを抱いている。昔を思えば、ずいぶんと贅沢になったものだとあきれるほどである。

欲望は進歩の母だから、欲を持つこと自体は悪くはない。問題は、その欲が満たされないからと大きな不満を抱いたり、欲を満たしたいあまりに悪事を働いたりすることだ。それでは進歩どころか、逆に人生を貧しいものにしてしまう。

■〝欲望〟は、できるだけ小さいものにする

仏教に「小欲知足《しょうよくちそく》」という言葉がある。これは、「欲望を小さくすれば、たやすく満足できる」という意味だ。逆に言うと、「強欲」であればあるほど、満足できない

ということだ。

たとえば、お金がなくて、寒い冬をコートなしで過ごしていた人がいたとする。そういう人は安い綿のコートでも手に入れば満足するだろう。と同時に、「次は、もっと暖かいウールのコートが欲しい。がんばって働いて、お金を貯めよう」と、希望に胸を膨らませるかもしれない。

けれど、お金もないのに「毛皮のコートが欲しい」という欲に取りつかれていたとしたら、どうだろう。安い綿のコートでは、とても満足できず、「こんな物しか買えないなんて」と甲斐性《かいしょう》のない自分を恨むことになる。その不満が高じれば、「自分は毛皮が欲しいんだ。盗んでも手に入れるぞ」と邪なことを考えないとも限らない。

現状よりちょっと上の欲だけを考えること。そうすれば、その小欲が満たされることで幸せを感じ、心を平和にして生きることができる。欲は放っておいても自然と大きくなるものなので、そのくらいがちょうどいいのではないかと私は思っている。

自分の〝原点〟を忘れない

大欲を防ぐために、もう一つ、いい方法がある。自分の原点を忘れないことだ。

生まれたときから「欲しいものはすべて、手に入れてきた」なんて人はめったにいないだろう。誰もが最初は、小さな欲を満たして幸福感に浸っていたはず。そのときの自分を、折に触れて思い出してはいかがだろう？

そういう時間を持てば、ちょっとくらい欲望が満たされないからといって、心が必要以上に暴れ出すことはなくなる。

私も若いときには、大欲とまではいかないが、それなりの欲も持っていた。満たされないと、枯渇感や焦燥感も覚えた。でも、そんなとき私は、戦争という究極の体験を思い出すようにしていた。

「あの状況のなかでも、自分は本当にささいなことで欲望を満たし、幸福を感じていたではないか」

と、自らの強欲を戒めるのだ。

欲に支配されない、こういう心の習慣をつけると、幸福感に満ちた自由で伸びやかな生き方を手に入れることができるだろう。

25 「山高ければ、谷深し」

ここ数年、日本人の投資に対する関心は高まる一方。「低金利のいまは、銀行に預けていてもお金が増えない」とあって、投資信託や株式、債券、為替《かわせ》などに目を向ける人が増えているそうだ。

ところが、日本人はいま一つ、投資というものを理解していない様子。証券会社に勤める知人がこんなことをぼやいていた。

「欲の皮が突っ張っているというか、ノーリスクで儲かる商品を望む人が未だに多いんです。リスクとリターンの関係をいくら説明しても、最後に『元本割れはないよね?』とか『儲かるんだろうね』などと平気で言うのです。

そりゃあ、大事なお客様ですから、私も根気よく説明しますが、なかなか理解してもらえません。

それに、ただ『儲けたい』の一点張り。どのくらいの利回りで何年くらい運用してどの程度増やしたいのか、そうして増やしたお金を何のための資金にするのか、それとも余裕資金だからハイリスクを承知で思い切って大きな利益を狙いたいのか、そういう目的意識のない人ばかりなんです。

運用の目的も方針も決めず、自分が許容できるリスクも無視して、ただ『儲かる商品を教えてくれ』と言われても、困るんですよね。

それこそ、〝自己責任〟でやってくれ、と投げ出したい気分ですよ」

そりゃあ困るだろうなぁと、私も彼に同情してしまった。

■リターンの裏には必ず「リスク」がある

もっとも、私にも金融商品の賢い選び方なんてわからない。それは専門家に任せるとして、ただ私にも一つだけ、わかることがある。それは、

「大きく儲けることしか考えていない欲張りな人は、『儲かりまっせ』の誘いに乗って、あるいは過去のハイリターンに目がくらんで、大きく損をする」

ということだ。

ふつうに考えて、たとえば「手持ちの資金が三カ月で倍になる」なんて話はないだ

ろう。それなのに、儲けることしか頭にない人は、詐欺《さぎ》まがいの甘言《かんげん》に乗って、虎の子を全部吐き出してしまうことすらあるのだ。いまの世の中、そういう詐欺まがいの事件が絶えないが、「儲けたい」人は、そんな危機的状況に陥ることなど想像すらしていないものだ。

もちろん、金融商品によっては、うまくいけば大きく儲かるものがたくさんある。でも、それはどこまでも、リスクと表裏一体のリターン。パンフレットに、

「年利三十パーセントの運用実績！」

なんて言葉が躍っていたとしても、その実績が常に保証されているわけではない。逆に、三十パーセントの損失を計上する可能性も大アリなのだ。そのリスクを許容できないなら、ハイリスク・ハイリターン商品に手を出してはならないのが、投資の鉄則である。

■リスクの〝色分け〟をして行動する

私はここで、「投資をするな」と言いたいのではない。誰だってお金は欲しいのだから、投資に励むのは大いにけっこうなこと。ただ、「儲けよう」の一念しかないと、

あとで大損をするはめになると警告したいのだ。

投資をする場合は、自分の手持ちのお金をしっかりと確認し、将来のマネープランを組み立てたうえで、

・なくなったら困るお金は手堅く銀行へ
・当面必要ではないけれど、数年後に使う予定のあるお金はローリスク商品へ
・十年、二十年先まで使う予定のないお金はミドルリスク商品へ
・なくなってもいいお金はハイリスク商品へ

といった具合に、リスクの色分けをして商品選びをするといいだろう。

「儲けだけを考えて欲張ったばかりに、すっからかんになった」

なんて事態は防ぐことができる。投資は「儲ける」ことよりも、「将来的にお金に困らないようにするため」であることが大きな目的であることをお忘れなく。

6章

他人に振り回されない自分になる

26 これであなたも「ノー」と言える人になる

頼まれると「ノー」と言えない〝お人よし〟は、「条件つき」で尊敬するに値《あたい》すると、私は思っている。

その〝条件〟とは、「ノー」と言えない自分自身に何の苛立《いらだ》ちも感じていないこと。もっとわかりやすく言うと、「ノー」を言わなかった以上は、心からその人の役に立とうと思えるかどうかである。

「私ってお人よしだなぁ。でも心底、その人の力になりたいと思っている。だから、『ノー』と言わずに、喜んで頼まれごとを引き受ける」

そう思えるのなら、お人よしであることは大いにけっこう。心もすっきりと晴れていることだろう。

問題は、この条件を満たしていない〝お人よし〟だ。つまり、「ノー」と言えない自分を情けなく思いながらも頼まれごとを引き受け、イヤイヤ力を貸している人たち。

〝お人よし〟の多くはこの部類に属するのではないだろうか。

こういう人の心には、自分自身を嫌悪する気持ちや、こちらの都合も考えずに頼みごとを押しつける相手に対する不満などが渦巻いている。心が「イヤだ、イヤだ」とジタバタしているのだ。

■「ノー」と言えない理由を考えてみる

では、自分の気持ちを殺してでも他人に協力してあげる〝お人よし〟は、やさしい気性の持ち主だろうか？　私はそうは思わない。厳しい言い方をするようだが、逆に自分を守ろうとしているだけの、自己中心主義者でさえあると思う。

このことは、「『ノー』と言えない」その理由を考えてみると、よくわかる。自分では認めたくないかもしれないが、心のどこかに、「いい人だと思われたい」「相手の気分を損ねて、嫌われたくない」という思いがあるからではないだろうか。

「ノー」と言えないのは、相手のためではなく、実は自分のためなのだ。

しかし、よく考えてみてほしい。本当は断りたいのにイヤイヤ引き受けることで、相手は喜ぶだろうか？　そういう気持ちは必ず相手に伝わるもの。「ノー」なら「ノー」と言われたほうがいっそ、相手もすっきりするだろう。

そもそも、相手に「いい人」だと思われることは、そんなに大事だろうか？　人のイヤがることを押しつけるような人なら、そもそもつき合う必要はないのだ。

■「自分はどうしたい？」と問いかける

以上をまず認識したうえで、「ノー」と言えない人は、その習慣を改める必要がある。そのとき、しなくてはならないのは、何か頼まれごとをされたとき、自分自身ときちんと向き合い、問いかけることだ。

「私はどうしたい？」

「力になってあげたいと思う？　その余裕はある？」

「それは私にしかできないこと？」

「それは状況的に見て、私がやるべきこと？」

という具合に、自分は引き受けたいと思うのか、自分に引き受けるだけの余裕があるのか、どうしても自分が引き受けなければならない状況なのか、といったことを確かめるのだ。

そうして「イエス」の答えが出たなら、もう「イヤだ」なんて感情は消し去ること。〝喜んで〟力になってあげよう。

逆に、「ノー」と出たら、しっかり「ノー」を伝えること。ここが一番苦手なところだろうが、勇気を出して言ってみたら、どうってことはないものだ。

■「ノー」が言えない人は、「ごめんなさい」と謝ればいい

その際のコツは、最初に、

「ごめんなさい」

と言ってしまうこと。引き受けられない理由など、クドクド言う必要はない。単に、

「今日は力になれない。ほかを当たって」

と言うだけでけっこう。

すまないなぁという気持ちさえ伝われば、相手は自分が思ったほど落胆もしないはず。「ノー」と言えない人が「ノー」と言ったことに多少は驚くかもしれないが、それだけに「よほどの事情があるのだろう」と察してくれる可能性もある。

人間、何をするにも〝喜んで〟やるのが一番。

お人よしはいいけれど、イヤイヤ引き受けるくらいなら、「ノー」を言ったほうがいいのである。

27 〝世話好き〟もほどほどに――

「人の不幸は蜜の味」と言うが、これも程度問題で、人の不幸に首を突っ込んではひんしゅくを買う人がいる。

「お姑《しゅうとめ》さんが厳しい人で、私の子育てから近所づき合い、料理の味つけ、掃除の仕方まで、口うるさく指図《さしず》されるので、毎日精神的に大変！」

などと知人から、相談ともグチともつかぬ話を「フン、フン」と聞いてあげるだけならまだしも、それを周辺に吹聴して、回り回って当のお姑さんの耳に達して問題が大ごとになった例もある。

職場でも、こんな例がある。

■「ここだけの話」は必ず漏れる

同期入社の三十代の仲間四人が、勤め帰りに居酒屋に寄り、気の置けない話をしていた。酒が進むうちに、Aさんが深刻な話をし始めた。

「うちの女房が、いまの安月給では子どもの教育費や家のローンを払うのが精一杯だからって、近くのスナックに勤め始めたんだ。ところが、毎日帰宅するのが夜十一時過ぎになって、食事なんかでき合いのものばかり。子どもの教育上もよくないし、このごろは夫婦仲もギクシャクしてしまって」

それを聞いていたほかの三人は、それぞれに、

「無理もないよな、こんな安月給じゃ」

「うちの女房も、隣の○○さんは年一回は夫婦で海外旅行へ行っているとうるさいよ」

「うちは亭主の権威がないから、子どもにもバカにされかかっている」

と、同調するような話をしていた。

その四、五日後、Aさんは職場の上司から会議室に呼ばれて、

「君の奥さんはスナックに勤めていると聞いたが、官公庁を相手に仕事をしているわが社の社風からいささか問題あり、と言う人もいるんだよ。それで、一言注意をうながそうと思ってね」

と釘をさされてしまった。

この話が漏れたのは、先日の居酒屋での会話を聞いた三人のうちの一人に違いないとAさんは思った。Aさんは、仕事上のライバルでもあるBに違いないと思ったが、聞いても本当のことを言うわけでもないから、今後は用心をしてつき合うしかあるまいと心を決めた。

■他人の口にチャックはできない

このように、「人の不幸」をすぐ軽々しく周辺に話してしまう人がいることは事実である。

私も日本精神科病院協会の仕事をしているときは、反対勢力からおもしろからぬ情報を流されたこともあった。寿司屋で娘たちが食事をしていたとき、偶然、私の悪口を肴《さかな》に飲んでいた客がいたようだ。

かくのごとく世の中には、他人の問題に何でもクチバシをはさむ人間がいる。

他人の口にチャックはできない。「絶対黙っていてほしい」という話は必ず漏れる。言うほうはそれを覚悟して話すしかない。

28 自分の弱点を知ると、もっと自分が強くなる

だまされやすい人、というのがいる。たとえば、

・セールスマンの甘言に乗せられて、とんでもない粗悪品をつかまされた
・条件につられて仕事を引き受けたが、実際には条件通りに遇されなかった
・「すぐに返す」という言葉を信じて金を貸したが、待てど暮らせど返してくれない
・巧妙なウソを信じたばかりに、出し抜かれた
・いい人そうな見せかけにだまされて情けをかけたが、見事に裏切られた

など、相手を信じたばかりに被害を受ける例は、枚挙《まいきょ》に暇《いとま》がない。
では、どうすれば「だまされやすい、お人よしの性格」を改善できるだろうか？

■「どんな弱点につけ込まれているか」を考える

人を信じようとすること自体は、いいことである。私もまさか、「人を見たら、泥棒と思え」とまでは言わない。

そうではなくて、なぜ自分はだまされるのかを考える必要がある。たいていの場合、その原因は「自分の弱点」にある。だます人は〝カモ〟を見つける嗅覚が鋭いので、

「あいつは人の言葉を簡単に信じそうだ」

「あいつは欲深だから、うまい話に乗りやすいだろう」

「あいつは人から頼まれると、断れない性格のようだ」

「あいつは人を見る目がなさそうだ」

などと本能的に見抜く。そうして、まんまと弱点につけ込まれ、〝カモ〟にされるわけだ。

ならば、自分がどんな弱点につけ込まれているのか、考えればいい。そこがきちんとわかれば、何かうまい話が舞い込んできても、あるいは利用されそうになっても、

「ちょっと待てよ。自分の弱点につけ込んでいるのではないか」

と慎重になれる。

すぐに相手の話に飛びつかず、一呼吸おいて、それが本当にうまい話なのか、自分は利用されるのではないかなど、冷静に考える余裕が持てるはずだ。

気をつけたいのは、だます人はたいてい善意の人の仮面をかぶっていること。「あなたをこれからだますぞ」なんてオーラを発していたら、人をだますことはできない。

だますこととは違うが、私の外来患者さんのなかには、ほかの病院の悪口をさかんに言う人がいる。「だから斎藤先生の病院は信用できる」というお世辞のつもりだろうが、私はそういう患者さんほど警戒することにしている。いつどんなことから、ほかの病院に行って私の悪口を言いかねないからだ。

29 〝やさしい人〟が陥りやすい落とし穴

「人を紹介するのって、難しいですね」

出版社に勤める男性がある日、ガックリと肩を落としていた。何があったのだろうか？

「知り合いに人を紹介してくれと頼まれたんです。自分で言うのも何ですが、僕はけっこう顔が広いので、この種のことをよく相談されます。頼りにされると僕も嬉しいので、そういうときは極力、適当な人を見繕って紹介するようにしていました。

何しろ、『あいつに頼むと必ず、いい人を見つけてくれる』という評判もあり、僕も少しいい気になっていたのかもしれません。それでいつしか、思い当たる人がいなくても、あるいは自分がよく知らない人からの依頼でも、『オーケー、心当たりがあるから、紹介するよ』と安請《う》け合いするようになっていました。知り合いの知り合いとか、探せば誰かいるものだと高をくくってもいましたし。

ところが、近ごろはトラブル続出です。紹介した先から『君の紹介してくれた彼、とんだ〝買い物〟だったよ』と皮肉を言われたり、『君みたいな人を探している人がいるんだけど、どう？　いい話だと思うよ』と話を持っていった人から『どうして僕がいいと思ったんだよ！』と怒られたり。善意で人と人とをつないだのに、双方から恨まれてばかりで参っています」

「安請け合い」はしない

彼はどうやら、〝お人よしゆえの安請け合い〟で墓穴を掘ったようだ。彼が自ら語っているように、人を紹介するのは本当に難しいのである。

隣で彼の話を聞いていた同僚の女性編集者は、こんな辛らつな言葉を吐いた。

「私は、たとえばライターさんから、どこかいい売り込み先を紹介してくれと頼まれても、その人を信頼できなければ、はっきり言うわよ。『ごめんね、力になれないわ』って。安請け合いして自分がお人よしであることをアピールするよりも、慎重に対応して自分の信頼性を守ることのほうがずっと大事なんじゃない？」

彼女の言う通り。はっきり言うが、悪いのはやはり、彼自身である。

人を紹介する以上、何のためにどういう人が必要で、その話は人に紹介するに足るものなのかどうかなど、彼自身がちゃんと値踏みしておかなくてはいけない。

と同時に、自分がよく知らない人を紹介するのも軽率だ。双方の人となりや能力については、彼が責任を持つべきこと。それができないなら、かっこうつけずに、

「ごめんなさい、力になれません」

と断るべきである。

あるいは、自分には判断がつきかねるのなら、「こういう人がいる」「こういう話がある」と双方をつなぐ情報提供だけに留めて、

「あとは直接、二人で相談してください。紹介者の僕に遠慮はいらないので、断っても全然かまいませんから」

と退《しりぞ》いてしまうのが賢明だ。

そんな〝筋論〟を話したところ、彼もすっかり反省し、

「これからは安請け合いせず、人を紹介するときはもっと慎重になります」

と言っていた。

■一度引き受けたら、最後まで責任を持つ

人の紹介のみならず、頼まれごとを引き受けたならば、最後までその責任を持つ覚悟が必要である。

私は以前、病院でボランティアを受け入れたことがある。患者の治療や看護というより雑用だが、一日でやめてしまう人もいれば、一生懸命がんばる人もいる。やる気のある人には、看護師資格を取るための費用を出してあげたこともある。

責任が持てないのに安請け合いをすると、たいていの場合、いい結果は出ない。お人よしという美点を汚すことになるし、何より自分自身の信用を落としてしまうということに注意しよう。

30 〝頼み上手〟になるこの一言

昨今は、仕事に家事に育児にと、一人三役をこなすスーパーウーマンが増えている。大変な忙しさだろう。とくに、「すべてを完璧にやる！」という熱意あふれる女性は、一日じゅうてんてこまい。

「朝早く起きて、洗濯機を回しながら朝食の支度とお弁当作りをして、亭主と子どもを送り出してから会社へ。仕事は『これだから主婦は……』とのそしりを受けないよう、人の倍をこなす勢いでがんばる。帰宅したら、すぐに夕飯を作って、お風呂をわかし、子どもの勉強を見てあげて、深夜は〝お持ち帰り仕事〟をせっせとこなす」

といった具合に、何から何まで一人で抱え込んでがんばる人もいる。結果、うつ症状をきたし、私のところへやってくる女性も少なくない。

このような働く女性に限らず、独身の男女でも、「すべてを一人でやらなければならない」という使命感の強い人は、多くの仕事を抱え込み、その重圧と忙しさからくるストレスでうつ病を発症する例が見られる。

■「仕事を抱え込む人」の三つのタイプ

こういう人には、三つのタイプがある。

一つは、完璧主義の人。何もかも自分で完璧にやらないと気がすまないので、人に頼むことを潔しとしない。

二つ目は、優秀すぎる人。「人に頼むより自分でやったほうが早いし、仕上がりにイライラすることもない」という自信があるゆえに、一人で抱え込んでしまう。

そして三つ目が、〝お人よし〟。「自分の仕事なのに、人に押しつけては悪い」と気をつかって、本当は頼みたいのに頼めない人だ。

いずれのタイプにせよ、一人で仕事を抱え込む人は結果的に他人に迷惑をかけることが多いと自覚する必要がある。

忙しいと、始終イライラするため、周囲も不快になる。

手分けすれば早く終わる仕事も、一人で抱えるために遅々として進まず、チームワークを乱すことがある。

信用して人に仕事を任せないため、部下が育たない。

しかも、損害を被るのは周囲だけではない。自分自身も仕事を抱えることで、ほかの仕事をする余裕がなくなり、いつまで経ってもワンランク上の仕事ができない。自分から仕事を一手に引き受けておきながら、

「どうして自分だけがこんなに忙しい目に遭うんだっ！」

という苛立ちもつのる。いいことは何もない。

ここは、完璧主義や縄張り意識、人への余計な気づかいはあっさり捨てて、人に仕事を振ることを覚えるほうが賢明ではないだろうか。

■何かを頼むときは、相手をほめ、お礼を言う

頼むときのポイントは、相手をほめること。間違っても、「自分は忙しいから、仕方なく頼むんだ」なんてニュアンスを滲《にじ》ませてはいけない。

「私、パソコンが苦手なの。あなたはすごく詳しいって聞いたわ。やってみてくれない？」

「君、数字に強いよな。このデータの分析を頼む」

「アイデアマンのあなたに頼みたい。この企画書を作ってみて」

「君なら、A社の部長とウマが合いそうだ。一度、いっしょに打ち合わせに行って紹介するから、あとを引き受けてくれ」

といった具合に、相手のいいところをほめて、「あなただから頼みたい」ということを強調するのだ。こういう言い方なら、相手は悪い気がしないし、やる気もわいてくる。

祖父の紀一は、私が子どものころ絵を描いていると、

「すごい絵だねえ、おまえを絵描きにしてやるよ」

家のピアノを弾けば、

「うまいねえ、ピアニストになれるね」

と、どんな場合でも大げさにほめてくれた。誰にでも言っているにしても、ほめてくれればとても嬉しいものなのだ。

7章

この「心のクセ」をなくせば、人生もっと快適

31 〝神経質〟を長所に変える知恵

細かいことが気になってしょうがない神経質な人は、

「あれも心配、これも心配」

「あれでよかったのか、これでよかったのか」

「あそこが気に食わない、ここが気に食わない」

と、心も行動も落ち着く暇がない。こういう人に、

「ささいなことを気にしなさんな」

と言っても、「性分なんだから、それはしょうがないよ」とか、「ささいなことが大きな失敗につながる可能性もあるでしょ」と反発されそうである。

たしかに、一理ある。

いろいろなことを神経質にチェックしたり、あらゆる危険因子を想定したりするからこそ、よい結果につながることは多いもの。無神経な人は何をやっても大雑把で、

穴だらけ……ということもあるだろう。

しかし、神経質にも「いい神経質」と「悪い神経質」がある。その分岐点は、一言で言うと、

「神経質になる意味があるかどうか」

だ。どれほど神経質になっても、それが大勢《たいせい》に何ら影響しない枝葉末節《しようまっせつ》の事柄だったら、ただ心身を消耗させるだけ。おまけに、時間まで浪費するのだから、何の意味もない。

■本当に気にするべきことだけ気にする

そこで神経質な人は、何か気になることが生じたら、

「それは神経質になるのに値すること？」

と自問自答すること。そうすると少なくとも、「理由なく神経質になっている」無駄を排除できる。

たとえば、先に心配ごとがあるなら、どんな悪い事態が予測されるのかをリストアップし、それに備えていまできることがあるかどうかを考える。できることがあれば

すればいいし、ないのであればいくら神経質に心配してもしょうがないとわかるだろう。

してしまったことに対する心配も同じ。いまからでも修正できるならそうすればいいし、できないなら結果を待って善後策を練ればいい。

また、ささいなことが気になるときは、決まって視野が狭くなっているもの。大局的に物ごとを捉えて、そのささいなことが結果を左右する原因になるかどうかを考えればいい。結果、どうってことないのなら、安心して放っておける。

神経質になるか否かは、料理の塩加減にたとえるとわかりやすいかもしれない。無造作にたくさんの塩を入れてしまうと、修正がきかないので、この場合は、〝塩をたくさん入れすぎない〟よう神経質になるべき。少ない分にはあとで足せるので、「足りないかもしれない」と神経質になる必要はない。

同じ神経質になるのなら、いい結果を招く行動に結びつけてこそ、価値がある。意味のないことに神経質になる愚は戒めること。

32 なぜ優秀な人ほど、紙と鉛筆を使うのか？

昨今はパソコンの普及により、文書の見栄《みば》えが非常によくなった。

たとえば、原稿もそう。肉筆は個性的で味があるけれど、訂正やら加筆やらでグチャグチャしていて、読む人にとってはあまりありがたくはない。その点、パソコンで書いてプリントされた原稿はきれいだし、読みやすいものである。

ただ一つ、問題がある。

「パソコンで書かれた文章は、それだけでいい原稿である」

という錯覚を起こしやすい点だ。

言うまでもなく、原稿で大切なのは中身だが、見栄えのいい形にだまされてしまう。

だからといって、「手書きにせよ」なんて野暮は言わないが、形の美しさに目を奪われて「いい原稿だ」と思い込むようなことはないように注意していただきたいと思う。

■いい資料は「頭の整理」から生まれる

先日、似たようなことを、あるメーカーの部長さんが言っていた。

「先生、いまは便利なソフトがありまして、誰でも簡単に非常に見栄えのいいプレゼンテーション資料を作成できるんです。ただ、部下のなかには、かっこうよく作ることばかりに意識を集中させる者の多いのが困りものなんです。

私には、見た目より大事な中身が、ないがしろにされているように思えてならないのです。折に触れては、『そんなに凝った資料を作らなくてもいいんだよ。中身がわかりやすいシンプルなもので十分だよ』と言うのですが、なかなか……」

なるほど、企業社会ではそういうこともあるのだ。「中身が空洞のハリボテ」というのは言いすぎだろうか。でも、形をきれいにすることばかりにこだわると、中身がおろそかになるのは自明の理。「見栄えのいいもの＝中身のいいもの」という誤った認識を改める必要がありそうだ。

前出の部長さんは、さらにこう教えてくれた。

「文明の利器は使うにこしたことはありません。文章だけの企画書よりも、グラフや表、写真などのビジュアルを使ったほうがずっとわかりやすいのは事実です。

でも、それを本当にわかりやすく作成できるのは、頭のなかがちゃんと整理されて、自分の論理的思考を完璧な絵にするまでに練られている人だけです。穴の多い理論しか組み立てられない者が、いくらカラフルできれいな資料を作成しても、結局はダメなんですよ。

資料の作成に際して、考えのまとまらないままパソコンを使い始める人を私は信用しません。紙と鉛筆を使って自分の考えを抽出しながら頭のなかを整理し、完璧な絵が描けたところでパソコンに向かう人を優秀だと評価しています」

形より中身……文明の利器はしばしば、この当たり前の事実を忘れさせてしまうもの。「形よければすべてよし」の思い込みはなくそう。

33 「おもしろい」と思えばおもしろくなる

世の中には、おもしろくないことがたくさんある。患者さんをはじめ私のところへやってくる人たちの多くが、そういう「おもしろくないこと」「つまらないこと」にわずらわされて、グチをこぼす。


「仕事なんて、ちっともおもしろくない」

「飲み会に行っても、ちっとも楽しめない」

「映画を観ても、テレビを観ても、本を読んでも、つまらないものばかり」

「家事なんて同じことの連続。全然、おもしろくない」

「何をやってもうまくいかず、おもしろくない」


さまざまな「おもしろくないこと」が世の中に蔓延《まんえん》しているようだ。

私自身、おもしろくないと感じることはないわけではないが、長年の経験から、「物ごとは『おもしろくない』と思ったとたんに、本当におもしろくなくなる」ことを知っている。だから、たとえ「おもしろくない」と感じても、

「やる以上は楽しもう」

とする習性が身についた。

たったこれだけのことで、「おもしろくないこと」をかなり減らすことができる。要は気の持ちよう。たいていの物ごとは「おもしろい」と思えば、おもしろくなるものなのだ。

どうせなら、おもしろさを見つける名人になってみてはいかがだろう？

私は船旅が好きで、世界中を回ったが、ただデッキの上にいるだけでも退屈することがない。たとえば、サンフランシスコのゴールデンゲートブリッジの下を通るときは、手のひらを頭の上に向けて広げ、ゴールデンゲートブリッジを支えているように写真を撮ってもらうのだ。

シャッターを切る瞬間が難しい。決まると本当に〝橋持ち上げ写真〟となる。家にはこんな写真の傑作がたくさんある。人生は、気持ち一つでおもしろくなる。

■「おもしろさ探し」の名人になる

広告代理店に勤めるある女性も、そんな「おもしろさ探し」の名人だ。

「たとえば、期待していたドラマがすっごくつまらなかったとします。そんなとき、『このくだらなさがおもしろいのよ』と自分に向かって言うのです。すると、ドラマにツッコミを入れる楽しみとかが出てくるんですよね。

仕事だって、そう。正直、つまらない仕事も多いですよ。でも、探せばおもしろいことはたくさんあります。

たとえば、

・単純作業なら処理スピードの自己記録に挑戦する
・宴会の幹事を押しつけられたらイベント・プロモーター気分でやる
・社内報の原稿を頼まれたら『類語大辞典』を駆使してふだん使わない表現に挑戦する
・大量のコピーをするときは『資料を読む時間ができた』と喜ぶ

・経費精算をしながら『ここを切り詰めれば、会社の経費節減に貢献できたわ』と反省点を見つけながら節約の楽しさを味わう
・おつかいを頼まれたら、いつもと違う道を通ってみる

……その気になればいろいろな楽しみ方があります。

あと家事もね、目的さえ忘れなければ楽しいものですよ。

家がきれいになると思えば掃除も楽しいし、お日様のぽかぽか感が残る布団にくるまる瞬間の幸福感を想像すれば、布団干しも苦ではなくなります。料理だって、シェフになったつもりで取り組めば、たちまち楽しくなります。

仕事も日常の雑用も、目的を見失うからつまらなくなってしまうのではないでしょうか。どんな目的でも、ないよりあったほうがいい。モチベーションが上がりますよ」

……どうせ仕事をするのなら、彼女のように目的を持って前向きに楽しみたいもの。後ろ向きの思い込みは心から一掃してしまおう。

34 「どうせ自分は……」思考から抜け出すには

何か新しい挑戦や難しい仕事を前にすると、とたんに臆病の虫が騒ぎ出し、

「どうせ自分にはできない」

と思い込んでしまうことがないだろうか。これは私に言わせれば、非常にもったいないこと。自分の可能性を自ら摘み取っているようなものである。

自分に自信がないばかりに消極的になってしまうのだろうが、自信というのは行動によって積み上げていくもの。未知のことや困難に尻込みしていると、ますます自信を失くすだけだ。

「どうせ自分はダメ人間だから」

と頭を抱えてばかりの毎日になりかねない。

ダメ人間だっていいではないか。それを素直に受け入れたうえで、こう考えてはどうだろう？

「もしかしたら自分にもできるかもしれない」と。

自信がなくても、思いきってやってみる

〝どうせできない〟と〝もしかしたらできるかもしれない〟とでは、心持ちに雲泥《うんでい》の差がある。その仕事に対して自分が力不足である点は変わらないものの、前者は後ろを向いて逃げるしかないが、後者は前に向かって進んでいける。これは大きな差ではないだろうか？

そもそも何だって、やってみなければ結果がどうなるかはわからない。私の知り合いの男性は、自分のいまの力では手に余る仕事だと思っても、とにかく、

「やらせてください！」

と即断即決で引き受けるそうだ。すると、「やる以上はいい結果を出したい」という気持ちが芽生え、「自分にはできっこないよ」という思い込みが消えていくという。

「いままでは、たとえば『君には経験がないから無理かなぁ』と言われた仕事でも、『経験はこれから作ります』と食い下がるほどです。そういう熱意を見せると、たいていの場合、上司も『なら、やってみるか』とチャンスをくれます。

それに、自分には絶対できない仕事なんて、自分に与えられるはずはないでしょう？　自分で勝手に『できない』と断じるのは早計です。やってみて結果が思わしくなくても、以前の自分より少しは成長します。自分にもできるというレベルがちょっとだけ上がって、それが小さな自信にもなります。『僕にはできません』と挑戦せずに逃げていても、ダメな自分はいつまでもダメな自分のままです。損ですよ」

かく言う彼も、以前は〝どうせ〟思考の強い男だったとか。あるとき意を決して、何も考えずに「やらせてください！」と即答することを自分に課し、そこから少しずつ自信をつけていったのだそうだ。

〝どうせ自分は〟思考から〝もしかしたら自分にも〟思考へ。この発想の転換が、自信のない自分に自信をつけていく特効薬なのである。

35

「聞き上手」こそ「話し上手」の秘訣

「先生、来月はご旅行ですよね？」

「もう帰ってきましたよ」

「あれ？　そうでしたっけ。で、どうでしたか、今回の船旅は？」

「船じゃなくて……」

「あ、そうそう、それは当分の間、お預けって言ってらっしゃいましたね」

「言ってませんよ。年内に……」

「世界一周ですか、また」

「いいえ、今回は……」

「それはそうと、原稿のほうは今日いただけますよね？」

「何の話です？　お断りした原稿の話ですか？」

こんなふうに、話がちっとも噛み合わない人がいる。言うまでもなく、人の話をろくすっぽ聞かないために、すれ違いが起こるのだ。

■人の話は最後まできちんと聞く

この種の人は、自分から質問しておいて、相手の答えをちゃんと聞かず、自分で勝手に答えを作ってしまう傾向がある。

「こんな答えが返ってくるだろう」

という思い込みがあって、それを記憶してしまうからなのか、それとも、

「次は何を話そうか」

と自分が話すことばかりに神経を集中させ、ハナから人の話など聞いてはいないからなのか、よくわからない。

いずれにせよ、たしかに言えることは、「人の話を最後まで真剣に聞く」ことをしないのが、諸悪の根源だ。

当然、勘違いが非常に多くなり、それがもとで自分はバタバタしなければならないし、周囲をも振り回すことになる。それでは、人間関係を損なうだけだ。

「どうも話が噛み合わないなぁ」

と思うことが多い人は、意識的に「人の話を最後まで真剣に聞く」努力をしたほうがいいだろう。

■相手の言葉を「復唱」する

そのために有効なのは、少なくとも悪い癖が治るまでの間、人の話を「復唱」する習慣をつけることだ。

そうすれば、人が話しているときに「自分は何を話そうか」と余計なことを考えずにすむ。また、「どうせこう答えるんだろう」と思い込んで、人の話に上の空になることも防ぐことができる。たとえば、こんな具合に。

「来週、彼女とデートなんだ」

「そう、デートなの。どこへ行くの？」

「映画を観に行くんだ」

「映画ね」

「うん、キリスト教の知識がないと難しい作品らしいんだけど、僕にわかるかなぁ。君、詳しい？」

「キリスト教？　ダメ、何にも知らない。でも、いい参考書があるって話よ。調べて、連絡しようか」

「明日にでも、頼むよ」

「うん、明日ね。明日、必ず連絡するわ」

どうだろう？　こういう受け答えを心がければ、人の話を聞き違えることはなくなる。

しかも、自分の言ったことを繰り返されると、相手は共感を得られたと思い、とても気持ちいいものなのだ。

復唱を習慣づけると誰もがたちまち聞き上手になり、「どうも話が噛み合わないヤツ」から「話せるヤツ」に変身できるはずだ。

8章

「折れない自信」は、こうして身につけよ

36 自分が好きになる「あばたもえくぼ」精神

周囲の雑音に振り回されないようにするためにはまず、等身大の自分を好きになることが大切である。

これができないと、他人と自分を比べて落ち込んだり、周囲の目に自分がどう映るかが気になったりと、自分を見失うはめに陥る。

昨今は、ともすれば人をランクづけすることが多いように思う。しかし、そこで上位につける人など、ほんの一握り。大半の人が、自分より上のランクにたくさんの人がいることから、ついつい自己否定をしがちだ。

私のところへも日々、そういう自分に自信を持てない人がやってくる。彼らに私が言うことはただ一つ、

「もっと自分を好きにおなりなさい」

ということだ。そのために有効なのが、

「あばたもえくぼ精神」を持つことである。

自分の「短所」をリストアップしてみる

あなたも好きな人には、「あばたもえくぼ」状態になるのではないだろうか？　多少の欠点があっても、それを美点と捉えて、ますます好きになることが多いと思う。それを自分自身に向けるのだ。

具体的には、思いつく限り自分のダメなところを洗い出し、それらが長所にもなりうることに気づくだけ。自己否定感の強い人は自分の欠点をあげつらうのが得意なので、それを利用すれば簡単にできる。

・気の小ささは、慎重さの裏返し
・優柔不断は、やさしさの裏返し
・大雑把な性格は、大らかさの裏返し
・生真面目さは、誠実の裏返し

・神経質は、気配り上手の裏返し
・頑固さは、強い信念の持ち主であることの裏返し

というように、短所と長所はたいてい〝表裏一体〟であることが多いもの。もちろん、短所が短所であることに変わりはないのだが、この言い換えをすると、「短所も発揮のしようによっては長所になる」ことがわかる。その分、自分を欠点だらけと嫌悪する気持ちが軽くなるのだ。

そもそも、自分を本当に理解し、長所も短所もひっくるめて愛してあげられるのは自分だけ。わざわざ嫌ってどうするのか。

自分を好きになること、それが自分に自信を持つ第一歩なのだ。

37 「絶対評価の幸せ」こそが真の幸せ

「あいつは羽振りがよくていいなぁ。いつも金欠にあえいでいる僕とは大違いだ」

「彼女は美人でスタイルがよくていいなぁ。それに比べて私はブサイクすぎる」

「彼は仕事ができていいなぁ。出世競争から早くも振り落とされた自分がイヤだ」

「あの子はステキな恋人がいていいなぁ。恋とは無縁の自分が情けない」


こんなふうに、好んで人より劣るところを見つけ出してはため息をついていないだろうか。気持ちはわかる。私自身、人をうらやむ気持ちがないとは言えない。でも、だからといって私は自分をダメだとか、不幸だとか思ったことはない。なぜなら、いくら他人をうらやんだところで、

「自分は決して他人にはなれないし、他人と同じ人生を歩むこともできない」

と納得しているからだ。

■常に「自分」を主語にして考える

そんなふうに心をすっきり整理すると、人生で何より大切なことは、

「なりたい自分になる」

ことだと気づくはずだ。

人生の主役はあくまでも自分なのだから、他人と比べるのではなく、自分はどう生きたいのか、自分は何をしたいのか、何ごとも〝自分〟を主語にして考えることが大切なのである。

しかも、幸せは相対評価ではなく絶対評価だ。傍目《はため》には何の不自由もなく、楽しくようするに、人生を生きているように見える人でも、実は心に不幸を抱えているかもしれない。

「あの人に比べて自分は」という相対評価をしたところで、自分自身が幸せを感じない限り、幸せにはなれないのだ。絶対評価における幸せを追求しなければ意味がないとわかるだろう。

過剰に人をうらやむことは、自分の人生を生きにくいものにしてしまう。自分を主役にして、生きたいように生き、〝絶対評価の幸せ〟を手に入れよう。

38 この考え方で〝人の目〟が気にならなくなる

他人の目が気になって、思い通りに行動できない人は相当数に上ると思う。私のところへ相談にみえる方を見ても、それは明らか。悩みの発端が〝人の目〟であることが大多数を占める。

「こんなことを言ったら、バカにされそう」
「こんなことをしたら、人を困らせることになりそう」
「みんなと違うことをするのは、世間体が悪い」
「周囲の人と違う意見だったら、のけ者にされるかもしれない」

など、自分の言動が周囲に与える影響ばかりを心配して、自分らしいふるまいができなくなってしまう。その結果、ストレスを溜めて、苦しんでいる人が多いのだ。

■あと一歩、踏み出す勇気を

そういう人がまず認識すべきことは、第一に、人は自分のことに精一杯で、他人の様子や言動をいちいち気にするほど暇ではないということ。

もちろん、自分の言動によって相手が不機嫌になったり、軽蔑の眼差しを向けられたり、苦笑されたりすることは多々ある。しかし、それも一瞬のこと。次の瞬間にはもう、忘れている場合がほとんどだ。さほど気にする必要はない。

第二に、いくら想像しても、相手の気持ちなどわかるわけはないということ。

自分では喜んでもらえると思ってしたことが裏目に出たり、逆にこんなこと言ったら怒るかなと思いつつしたことが気に入られたり。実際問題、自分の言動を相手がどう受け取るかは、行動してみなければわからないのだ。

だから、怖がらずに、自分の思い通りに行動すればいい。それで不興《ふきょう》を買ったとしても、

「この人は、こういうことを言うと、こんな反応を見せるんだ」

と学習できる。もちろん、うまく行けば、

「人はこういうことをされると喜ぶんだな。私の予想通り！」

と自信が持てる。

そうして人のさまざまな反応を学習しながら、それを経験知として身につけていけば、人づき合いのテクニックも磨かれるというものである。

周囲の評価を気にして二の足を踏むのではなく、実際に行動を起こして相手の反応を確かめてみる、その場数《ばかず》を踏むことが大切なのだ。

周囲の評価を恐れずに、自分の思い通りに行動してみよう。その結果がどう出ようとも、相手の反応はすべて「よりよい人づき合いをするための情報」として自分のなかにインプットされる。

その積み重ねが、人づき合いの極意でもある、「他人の気持ちを想像して行動する」という高度なテクニックにも結びつくはずだ。

39 あなたは人生の〝プレイングマネージャー〟

「私、なかなか自分の意見が決められないんです。誰の意見を聞いても『そうよね』と思い、いろいろな人に相談すればするほど、どうすればいいのかわからなくなっちゃう。どうすれば、自分の考えをしっかり持てるんでしょうか？」

そんな相談ごとをされたことがある。人の考えは十人十色《じゅうにんといろ》。それぞれ違っていて当たり前で、どれがベストとはなかなか判断できないものだ。

たとえば、野球を見てごらんなさい。回も終盤にきて同点で、ノーアウト一塁の場面なら、送りバントで走者を二塁に送るのが定石《じょうせき》だ。しかし、そのときの状況や選手の特性から行う判断は、監督によっても違ってくる。

「積極的にヒットエンドランをかけよう。結果的に凡打になっても、ダブルプレーは避けられる」

「走者に盗塁させよう。バントはそれが成功してからだ」

「バントエンドランを狙おう。打者は左打ちの俊足だから、うまくいけば一・二塁という状況を作れる」

こういう場合、成功すれば「正しい判断」となり、失敗したら「判断を誤った」ことになる。ただ、それは結果しだい。やってみなければわからないのである。

しかも、チーム内でもおそらく意見がわかれるところ。いちいちコーチ陣を集めて相談するわけにもいかないので、監督は自らの信じるところにしたがって指揮をしている。

私も旅先で、ホテルを決めなくてはならないことがある。思ったよりいいホテルに当たればラッキーだが、意に反してがっかりすることがある。しかし、それで誰に文句を言うわけにもいかない。自分が決断したことだからである。これが人が手配してくれたホテルなら気持ちの揺れはもっと大きくなる。

「自分はどうしたいのか」を再確認する

一事が万事。何ごとにつけ、どう行動すべきかは、自分の人生の監督である自分が決めるしかないのだ。もちろん、周囲の意見を尊重することも重要だが、最終的に決めるのは自分であることを忘れてはいけない。

だから、私は相談してきた彼女にこう申し上げた。

「いろいろな人の意見を聞くのはいいでしょう。でも、それは誰かに決めてもらうためではなく、自分の判断材料とするためですよ。あなたは、あの人の意見も立てよう、この人の意見も立てようと右往左往しているだけではありませんか？」

彼女は「たしかに、人の意見を聞くうちに、自分がどうしたいのか考えることを忘れていたように思います」と素直にうなずいていた。

「人の意見に左右されない」

などと言うと、「頑固者になれ」と言っているように聞こえるかもしれないが、そうではない。私が言いたいのは、

「自分の考えを見失うな」

ということだ。人の意見を聞いた結果、自分の意見をくつがえしたってかまわない。ただ、それは、「誰かがそう言ったから」ではなく、「私もそう思ったから」であるのが望ましいということだ。行動の基準は常に自分の考えに置くこと、それが人の意見に左右されずにすむ唯一の方法である。

40 〝自分に解決できない問題〟は起こらない

何か都合の悪いことがあると、他人や社会のせいにすることはないだろうか。そうしたほうがラクだからと、人はしばしば、次のような「他罰主義」に陥る。

・上司が保守的だから、自分の革新的な意見が採用されない
・会社の学閥《がくばつ》主義のせいで、自分は出世できない
・国の経済政策がなっていないせいで、自分はちっとも儲からない
・友だちが意地悪をしたせいで、自分は仲間はずれになった
・親が勉強、勉強とうるさいせいで、勉強をする気がなくなった
・恋人が私をフッたせいで、婚期を逃した

といった具合に、被害者は自分だと思うことによって、苦しさから逃れようとして

しまうのだ。たしかに、ある意味では被害者だろう。お気の毒だと思う。ただ、それを自分に許してしまうと、とたんに、

「グチや不満を言うだけの人生」

に堕してしまう危険がある。

自分にも非がないか、目を向けてみる

それより以前に大事なのは、自分が置かれている現状をあるがままに受け入れることだ。そうでなければ、自分には何ができるのかが見えてこないからだ。

自分に起きた不運・不幸を行動の原動力にする、と言えばわかりやすいだろうか。そのためにも、不運・不幸を招いた原因は、自分自身にもあることを素直に認める必要がある。前出の例で言うなら、

「自分の意見はまだ、上司を動かすほどのものではなかったということだ。よし、あの保守的な上司でも重い腰を上げずにはいられなくなるプランに改善しよう」

「学閥主義の壁を越えられない自分には、それだけの力量がないということだ。もっ

と力をつけて、自分が学閥主義をぶち壊す第一号社員になろう」

「こんなに不景気でも儲かっている人はいる。自分のやり方がまずいんだ。景気にかかわらず儲かる道を探すのが先決だ」

「友だちは理由もなく自分に意地悪をしたのではないはずだ。彼ととことん話し合って誤解を解こう。それで物別れになって、仲間はずれにされたままになってもいい」

「勉強したくないのは自分だ。でも、勉強しなければいけないことはわかっている。ならば、やる気を出す努力をすべきだ」

「彼はなぜ、私をフッたのかを考えよう。そして、もっとステキな自分になって、新しい恋人と出会うのよ。去る者は追わずよ」

というふうに意識を転換させることができる。よしんば、どう考えても他者のせいであったとしても、自分の不運・不幸を招いた人と闘う勇気が出てくるはずだ。

■不運や不幸を、人のせいばかりにしない

ある会社の社長さんは、こんなことを言っている。

「自分に解決できない問題は、自分には起こらない。自分に起きたことはすべて、自分の行動の結果なのだから、自分にはそれを解決できる力がある」と。

彼は、自分に起こった問題を他者のせいにすると、それだけで「私の手には負えない」とあきらめてしまうから、自らを戒めるためにもこう考えるようにしているそうだ。非常に強い考え方だが、不運・不幸を他者のせいにするよりもずっと、前向きに人生を歩めるのはたしかだ。

ただし、私は「自罰主義になれ」と言いたいのではない。何もかも自分のせいだとクヨクヨする方向に行くと、これもまた前に進めずジタバタすることになる。キーワードは、

「自分の責任において、問題を解決する」

ことなのだ。自分に起きた問題はすべて、自分の問題だと腹をくってかかるようにしよう。

9章

〝人生の荒波〟を、思うまま乗りこなすために

41 波にあらがうのではなく、乗ってみる

人生は多かれ少なかれ、時代の波に翻弄《ほんろう》されるものだ。ときには、自分一人の力では、あらがいようもないときがある。

私自身、約九十年の人生を生きてきて、実にさまざまな時代の波に翻弄されてきたと実感している。生まれ育った青山脳病院は、火災、戦災と二度にわたって全焼した。住まいを兼ねた病院は青山から新宿、府中へと転々と移り変わった。病院経営もしかり。何度か厳しい状況に陥ったこともある。ある意味でどれも、不可抗力とも言える災難だった。

そういった波を乗り越えてこられたのは、波のうねりに呑《の》まれまいとジタバタせずに、力を抜いて波に乗りながら、自分の〝行く先〟を見ていたからだと思う。つまり、自分の意思や力ではどうにもならない苦しい現実をあるがままに受け入れ、そのなかでいい方向を目指してきたのだ。

ここでちょっと、海で遊んだときの記憶を呼び起こしてみてほしい。大きな波がやってきたとき、まともにぶつかると浜に戻される。でも、あまりにも大きな波だと、あらがいようもない。それであきらめて、ふっと力を抜くと、体は波に抱き上げられるようにふわっと浮き、再び海のなかに戻る……そんな経験はないだろうか。

こんなふうに、大きな波には逆らわないに限る。波に浮いている間に沖が見渡せるので、自分の行くべき方向が見えてくるのだ。

あわてず、騒がず、逆らわず

時代の進展が加速度的にスピーディになった現代は、次々と時代の波が押し寄せてくる。

たとえば、コンピュータ。

「機械は苦手だ。嫌いだ。世はデジタル化だなんてふざけるな！　私はどこまでもアナログで行く。パソコンも携帯もデジタル放送のテレビも、何もいらない」

なんて抵抗はするだけ無駄である。迎合することはないが、多少は波に乗らなければ、生活そのものが不自由になる。

また、ビジネスパーソンを襲った昨今のリストラの嵐。自分一人がどんなに、「リストラなんて認めない！　企業は雇用確保を死守すべきだ。退職勧告なんかに応じるものか！　減給も出向も異動も全部拒否する！」

とがんばっても、会社の方針にはしたがわざるをえないところ。場合によっては、それを〝不当〟であるとして糾弾すべきときもあるが、たいていは現実を受け入れて、その壁を自助努力で乗り越えていくしかない。

自分に困難を運んでくる大きな波に襲われたときは、まずはあわてずに、

「これは抵抗するメリットがある、自分一人の力で打ち砕くことのできる波なのか。それとも、自分の力をはるかに大きく超えた、抵抗するだけ無駄な波で、どれほどあらがおうとも心身と時間を消耗するだけなのか」

と考えて、あらがっても無駄だと判断したら、その波に乗ってしまうことだ。

42 泣きたくなったら——大いに笑おう

自分に襲いかかる不運・不幸は、誰にとっても、受け入れがたいものである。しかし、それを避けていては、厳しい現実を前に気持ちが空回りするだけ。決して前に進むことはできない。

では、どうすれば厳しい現実を受け入れられるだろうか。

一つ、とっておきの方法がある。それは、自分に起きた不幸を〝笑い話〟にしてみることだ。人生を振り返ると、

「不幸の渦中にあったときはあんなに苦しんだのに、いまとなっては笑い話だ」

というようなことがないだろうか？　不幸というのは、そこを乗り越えて幸せになると、何だか笑ってしまいたくなるような性質を持っているものなのだ。

もちろん、思い出すたびに苦痛がよみがえるとか、涙がこみ上げてくる、といった不幸なできごともある。でも、その渦中でがんばった自分に対してほほえみを投げか

ける、そんな余裕はあるはずだ。

これは「時間の自浄作用」とも言うべきもの。時が経つと、苦しみや悲しみは自然と風化していくのだ。

私が〝笑い話〟にすることをおすすめするのは、それが時間と同様、不運・不幸に対する距離を作るからだ。苦しんでいる自分を客観的に見て、「笑ってしまう」ことで、厳しい現実を自分のなかで消化することが可能になるのだ。

〝自分で自分を笑う〟ことができる人は強い

この手法で苦境を乗りきった男性がいる。彼はつい最近、勤めている会社から退職勧告を受けた。定年まであと十年残っていたが、

「退職金は規定より厚くするから、辞めてくれ。受け皿は用意している。子会社に行きたまえ。給与体系は本社とは違うが、悪いようにはしない」

と申し渡されたそうだ。

当初は、「どうして僕が？」と落ち込む毎日。なかなか現実が受け入れられず、

「子会社に行くなんて屈辱だ。営業マンとしてがんばってきた僕の三十年はどうしてくれる。いっそ、退職金を元手に独立しようか……」

と悶々としていた。しかも奥さんからは、

「独立なんてダメ。そんなことをするなら離婚よ」

と釘をさされて、身動きがとれなかった。

「そんなとき、久しぶりに学生時代の友人たち数人と飲む機会がありました。あまり気は進まなかったのですが、行くと何だか気分が華《はな》やいでくるんです。時間が突如、三十年巻き戻された感じでしょうか。心の鎧《よろい》が取れたというか、無意識のうちに平気で自分の恥をさらしていましたね。

でもね、みんな、僕の悲惨な話に大笑いするんですよ。いつの間にか僕も乗せられて、自分をピエロにしていましたね。

『会社からは追い出されるし、行きたくもない子会社に再就職しなきゃ家庭からもつまはじきになるし、散々だよ。もう、翼の折れたエンジェル。これからは、微々たる退職金と稼ぎを、家のローンと女房と子どもに食いつぶされるだけ。頼みの綱は、万馬券狙いの競馬だけ。誰か、当たり馬券を教えてくれ。何だってするよ』という感じで。

その間、『老けた汚ねぇ天使だな』とか『犯罪には手を染めてないだろうな』とか『あみだくじでさえスカくじ引いてたお前は運にも見放されてる！』なんて茶々も入って。何か自分の不運を楽しむ気持ちにすらなりました。

みんなも同じ。それぞれに悩みを抱えていたようだけど、互いにツッコミを入れながら妙に盛り上がっちゃいました。

それで最後は、『まぁ、お互いにがんばろうや。そのうち僕らみんなで何かおもしろいことをやろうぜ』となりました。笑い話のなかにもそれぞれのラクではない現実が感じられて、互いにシンパシーを感じた部分もありましたね」

■つらい現実も、いつかは「過去の笑い話」になる

彼はこの飲み会を経てようやく、「自分に降りかかった現実は変わらない」と腹をくくり、ずいぶんと気が楽になったという。いまは、早期退職で得た退職金でローンを完済し、残りは子どもの教育費のために運用。自らは子会社に籍を置きながら、独立のアイデアを探しているそう。

「気持ちが軽くなった分、まだ三十年、四十年続く人生を積極的に生きる意欲がわいてきました。リストラがなかったら、定年と同時に人生が終わったような気分になって元気をなくしていたかもしれません。

ま、十年早く定年がきたのも悪くなかったなぁという感じですね」

逆に、こういう気持ちの切り替えがうまくいかない人は、うつになりやすい。サラリーマンのうつのパーセンテージが年々増えているのは、社会状況の変化もあるが、仕事、人間関係の悩みがのしかかっていることが多い。とくに、現実を受け入れず自分を責めたり、周囲を恨んだりすると、心のバランスを崩しやすい。

どのみち、いまの厳しい現実も将来的には過去となる。それならば、早いうちに自分のなかで過去の笑い話にしてしまうというのも悪くないのではないか。

43 苦手なあの人を、自分の〝財産〟にする法

誰にでも、苦手な人はいる。学生時代までは、そういう人と無理してつき合う必要はなく、気の合う仲間とだけつき合っていられるので、人間関係はとてもラクだ。ところが、社会人になるとそうはいかない。部下は上司を選べないし、プロジェクトチームの一員になれば、苦手な人の一人や二人は必ずいる。取引先の人やお客さんなどとも、好むと好まざるにかかわらず、いい人間関係を築いていかなければならない。

この「苦手な人とも上手につき合わなければならない」ことが大きなストレスとなって、悩んでいる人は大勢いる。

では、なぜ人間関係が大きなストレスになるのだろうか?

答えは簡単。苦手な相手が大きな波となって押し寄せてくるにもかかわらず、「できればつき合いたくない」とジタバタするからだ。

■思いきって、相手の懐に飛び込んでみる

ここは一つ、発想の転換が必要だ。どれほど苦手な人であっても、背を向けて逃げたり、嫌悪感もあらわにぶつかって行ったりせずに、

「どれ、懐《ふところ》にもぐり込んでやろう」

と思えばいいのだ。

誰かを苦手とする場合、そこには必ず、理由がある。おそらく、

・どんな人だかわからない
・風貌からくるイメージが悪い
・過去に何度か、イヤな思いを味わわされたことがある
・周囲の評判が悪い
・自分とはまったく異なる価値観の持ち主である

といったところだろう。人はどうしても、自分に共感してくれる人に好感を持つの

で、相手と深くつき合っていようが、一度も会ったことがなかろうが、その共感を得られそうもない人を直感的に排除してしまう。

となれば、「共感を得たい」なんて気持ちそのものを失くしてしまうのみ。そのかわり、相手に対して「興味を持ってみる」のだ。その際、

「世の中には、人の数だけ価値観がある。考え方も感じ方も違う。持っている知識や経験も、人それぞれ。好きも嫌いもなく、たくさんの人とつき合えば、人間関係が広がるだけではなく、自分の世界も広がる」

と強く思うこと。

そうすることによって、相手に対する苦手意識よりも好奇心が強まり、すんなり懐に飛び込んでいけるようになる。相手の波に乗ってしまえるのだ。

■笑顔で挨拶をする

もう一つ、苦手な人と会う場合は、笑顔で挨拶することをお忘れなく。自分に暗示をかけるように、

「私はあの人が好き！　絶対に、好きになれる！」

と思えば、会うのをイヤがっていたマイナス要素が消え、自然と笑顔がわき上がってくる。

笑顔を向けられてイヤな気持ちがする人はいない。たいていの場合、相手の警戒心もゆるみ、スムーズに話に入れるはずだ。

好き嫌いなく誰とでもつき合える人は、間違いなく得をする。いろいろな人を通して見聞が広がることはもちろん、さまざまな価値観や考え方に触れながら自己主張するなかで、自分の人間性をも磨くことができる。加えて、みんなから嫌われている人とも上手につき合えるとなると、自分自身の株を上げることも可能だ。

苦手な人とも仲よくなれれば、人間関係におけるストレスのほとんどは消えてしまうだろう。

44 人間の好き嫌いをなくすには

「寿司」「すき焼き」は、外国人にもよく知られた日本料理であろう。好物という人も多い。

しかし、日本食好きの外国人でも、ほとんどの人が敬遠するのが「納豆」である。あの独特の臭いと粘りが、彼らの味覚に合わない。それどころか、二度と口にしたくないと顔をしかめる。

反対のケースもある。何十年も前、作家の沢木耕太郎さんが仕事でソウルへ行ったとき、現地の人が「ソウルで一番おいしい冷麺《れいめん》をごちそうします」と、沢木さんをある店に連れて行った。沢木さんは食べ物の好き嫌いはまったくなく、その少し前にも世界を放浪し、食事は現地のものを食べることをモットーとしてきた。

しかし、沢木さんはその冷麺をどうしても食べられなかった。いまでこそ日本人にも、冷麺はわりとポピュラーな食べ物と言えるが、当時の沢木さんには初めて食べるものだった。まるでゴムを噛むような食感に驚き、どんなに努力しても飲み込めない。しまいには汗が吹き出してくる。周りの人たちも、怪訝《けげん》な表情をしている。沢木さんはみんなに悪いと思うから、何とか完食しようとしたが、とてもできなかったそうだ。

このように国や風土が違えば、食の好みも大きく違ってくる。かくいう私は、ヘビが大の苦手である。これは子どものころからである。ヌメヌメしたウロコ状の肌を思い出すだけでゾッとする。よって〝ヘビ料理〟など、一度も食したことはない。

ところが、ある中国料理店で、極上のスープをいただいたことがある。あとで知ったことだが、これは毒ヘビのスープだったそうだ。

自分の性格をどう変えるか

人間関係も、視点を変えてみると、こうした食べ物のようなものではないだろうか。味覚というのは、人にとって一番保守的な感覚とも言われる。納豆や冷麺やヘビ料理を食べられない人を、笑うことはできない。といって別段、この三つの食べ物を食べられる人がすごい人というわけではない。

つまり、人間関係における好き嫌いというのも、この程度と考えるとちょうどいい。

みなさんは、こんな経験をしたことがないだろうか？

・何となくムシの好かないヤツと思っていた人が、つき合ってみると、すごくいい人間だった
・一見怖そうな上司が、仕事をいっしょにしてみると、すごく情の深い人だった
・クールな性格だと思っていた人が、自分が窮地に陥ったとき、真っ先に駆けつけてくれた

人間関係は、相手が決めるものではなく、自分が決めるものなのだ。

自分が相手に関心や興味を持つと、必ず相手も自分に関心を抱く。「ムシの好かない人」「一見、怖そうな人」「クールな性格の人」の彼らも、自分からいい関係を持とうとしなければ、「いい人」「情の深い人」「人間味のある人」という側面を見せてくれることはない。

人の性格、いわゆる「パーソナリティ」は、生まれつきのものではない。

「パーソナリティ」の語源は、ギリシャ語の「ペルソナ」（仮面）と言われる。つま

なるのだ。

り、善人もしくは悪人の仮面をかぶり、終生《しゅうせい》その性格を演じれば、人は仮面の性格に

相手が無視するから、自分も無視する。相手がほほえむから、自分もほほえむ……ではなく、いつもどんなときも自分はほほえむ、というのはどうであろうか。

食べ物の好き嫌いは、人生でそれほどの影響はないが、人間の好き嫌いが激しい人は、やはり損をする。

私もよく人から、「先生はいつもニコニコしていて、とてもやさしそうですね」と言われることがある。しかし、私をよく知る家族や病院関係者は、「短気」「ときには怖い」とも言う。

どちらも事実なのだ。「いつもニコニコ」している自分になるよう努力はしている。しかし、「短気」な自分もいる。

百パーセント完璧な人間はいない。どんなことであれ、六十パーセントから八十パーセントでいい。それでいいのだ。

45 「ピンチはチャンス！」

何をやってもうまくいく順風満帆のときは、まさに波に乗った状態。人は放っておいても、前を向いて力強く進んでいく。「奢《おご》る平家は久しからず」という戒めも忘れて、その好調が永遠に続くかのように本気で信じてしまうことさえあるだろう。

そうなると、人は慢心し、「何をやっても成功する」とばかりに、無謀な行動に出ることが多いものだ。本来ならこういうときこそ、順風をはばむマイナス要素に注意して、落ち着いて考え、行動するべきなのに……。

では反対に、逆風を受けているときはどうだろう。気持ちが落ち込んで、

「もう立ち直れない」

とうずくまってしまう人がいる一方で、

「早く何とか、軌道修正をしなくちゃ」

とあわてて、その場しのぎにしかならないようなことをする人がいる。

前者はマイナス思考から、後者は焦りから、結果的に不運の連鎖を助長してしまうことになりがちである。本来ならこういうときこそ、熟慮に熟慮を重ねつつ、プラス思考で逆境を転じて、いい波に乗るための方策を考えるべきなのに……。

ようするに、順風であろうと、逆風であろうと、風に翻弄されてバタバタしてはいけないのだ。いかにしていい波に乗り続けるか、いかにしていい波をつかまえられるかは、落ち着いて風を受けていられるかどうかにかかっている。

順風だからと、風を切ってぐいぐいスピードを上げすぎると、やがて船は転覆する。逆風だからと、風にあおられる一方だと、やはり船は転覆する。

いずれにせよ、落ち着いて流れに身を任せながらも、風を読んで前進していくのがベストなのだ。

■自分を磨いて〝いい波〟を待つ

とくに難しいのは、逆風にあるときだろう。前進するためには、向かい風にじっと耐えるだけではなく、波に乗るための努力をしなければならないのだから。

しかし、だからこそ逆境は大きなチャンスだという見方もできる。

たとえば、企業は不況という逆境にあるとき、大半があわててリストラを始め、身を縮めてひたすらきつい風が吹き去るのを待つ。

その一方、風がおさまって波に乗れる時機をにらんで、リストラよりも企業体質の強化に励むところもある。経費削減はやむなしとしても、不況だからとあきらめずに地道な努力を続け、浮上のときに備えるのだ。

後者は必ず、不況後にいい波に乗ることができる。事業も人員も縮小せずにがんばってきた分、好況期の需要に応えることができるからだ。つまり、不況をジャンピングボードに飛躍を遂げることが可能になるのだ。

人生における逆境でも同じだ。

私は若いころ、病院の再建もままならず、食べることで精一杯だった。いくつもの病院でアルバイトをしながら、毎日、文字通り駆け回っていた。あまりの忙しさに体調を崩すこともあった。そのころ、高嶺《たかね》の花だった自転車を手に入れたときの喜びは、いまでも忘れられない。

当時のがむしゃらな自助努力があったから、いまの自分があると考えることもある。

「いまは何をやってもうまくいかない」と縮こまっていては、なかなかいい波に乗れない。やがていい波がくることを信じて、地道に自分を磨くからこそ、人生は好転するのだ。

逆境だからこそ身につく〝五つの力〟

逆境には多くのメリットがある。

第一に、痛い目に遭ったことを、その後の人生の教訓として活かせる。

第二に、身をもって痛みを知ることで、人間性が豊かになる。

第三に、逆境から浮上しようとあれこれ知恵を絞ることで、「考える力」が身につく。

第四に、逆境をジャンピングボードとするプラス思考ができるようになる。

第五に、逆境を乗り越えると、それが自信となり、並たいていのことではくじけない、たくましい精神力を養うことができる。

逆境知らずの順風満帆な人生は、こういうことを教えてくれない。逆境を歓迎する人はあまりいないだろうが、そう嫌うこともないのだ。これだけのメリットが享受できるのだから、なかなかいいものだと見ることもできる。

だからこそ、私は言いたいのだ。「逆境を喜びなさい」と。

多くの人が逆境に陥るとパニックになり、

「何とかしなきゃ」

と気持ちだけが空回りするようになるものだが、逆境にはたくさんのメリットがあることを思い出してほしい。そして、逆境を喜んでほしい。それだけで気持ちはすっきりとし、ストレスの芽を摘むことができるはずだ。

そして自分に与えられた試練を喜び、

「さて、どうする？」

と具体的に考えればいいのだ。それだけで、たいていのことは解決し、いい方向へと向かうだろう。

ともあれ、自分を信じることが一番だ。大きな苦しみも、過ぎてみると「自分は何であんなことで悩んだのだろう」と思うことがある。

私の人生も、振り返れば「疾風怒濤《しっぷうどとう》」であった。妻もそんな私を「最も忍耐強き夫」と評した。

患者さんは、人間の何たるかを教えてくれた。家族は愛という言葉の意味を教えてくれた。世間は人生の厳しさを教えてくれた。

そして、私はそれらすべてに感謝している。

（了）

本書は、青萠堂より刊行された『バタバタ空回りの頭をラクにする本』を再編集のうえ改題したものです。

斎藤茂太（さいとう・しげた）
東京生まれ。明治大学文学部卒。昭和大学医学部卒。慶應義塾大学医学部にて学位取得。医学博士。斎藤病院名誉院長。悩める現代人を安らぎにいざなう「心の名医」を務めるかたわら、著述活動も精力的にこなす。日本精神科病院協会名誉会長、日本ペンクラブ理事、日本旅行作家協会会長など、いくつもの顔を持ち、多方面で活躍。
主な著書に『気持ちの整理　不思議なくらい前向きになる94のヒント』『「いい出会い」をつかむ人94のルール』『なぜか「感じのいい人」ちょっとしたルール』『なぜか「人の心をつかむ人」の共通点』『生きるのが楽しくなる知恵袋』『気持ちをスッキリ切りかえる本』、主な訳書に『「なりたい自分」になれる本』（以上、三笠書房《知的生きかた文庫》）など、多数がある。

知的生きかた文庫

心《こころ》の元気《げんき》200%UP《あっぷ》の習慣術《しゅうかんじゅつ》

著者　斎藤茂太《さいとうしげた》
発行者　押鐘太陽
発行所　株式会社三笠書房
〒一〇二-〇〇七二　東京都千代田区飯田橋三-三-一
電話〇三-五二二六-五七三四〈営業部〉
〇三-五二二六-五七三一〈編集部〉
http://www.mikasashobo.co.jp
印刷　誠宏印刷
製本　若林製本工場

ISBN978-4-8379-7982-1 C0130

知的生きかた文庫　斎藤茂太の本

気持ちの整理
不思議なくらい前向きになる94のヒント

心のクヨクヨが嘘みたいにすっきり晴れ渡る、あなたにぴったりの「気分転換法」がたくさん見つかります！　人生に〝いい循環〟がめぐってくる本。

「いい出会い」をつかむ人94のルール

ビジネスチャンスも、友人づくりも恋愛も——「いい出会い」をつかむには、ちょっとした秘訣がある！　あなたに幸運がめぐりめぐってくる本。

なぜか「感じのいい人」ちょっとしたルール

友人・異性との出会いや職場での人間関係……こんな「感じのよさ」が、その人の人生をいい方向に導く！　あなたに新しい「個性」と「魅力」をプラスする本。

気持ちをスッキリ切りかえる本

「イライラ」「不安」がなくなる50のヒント。マイナスに落ち込みすぎない、プラスに行きすぎない——いつでも「ちょうどいい快適なところ」にリセットできる考え方が身につく！

C40054